심리학으로 말하다

# 다이어트

심리학으로 말하다
# 다이어트

초판 1쇄 발행 | 2021년 2월 15일

지은이 | 제인 오그던
옮긴이 | 정지숙
펴낸이 | 조승식
펴낸곳 | 돌배나무
공급처 | 북스힐
등록 | 제2019-000003호
주소 | 01043 서울시 강북구 한천로 153길 17
전화 | 02-994-0071
팩스 | 02-994-0073
홈페이지 | www.bookshill.com
이메일 | bookshill@bookshill.com

ISBN 979-11-90855-05-1
979-11-90855-00-6 (세트)
정가 13,500원

• 이 도서는 돌배나무에서 출판된 책으로 북스힐에서 공급합니다.
• 잘못된 책은 구입하신 서점에서 교환해 드립니다.

심리학으로 말하다

05

DIETING

# 다이어트

Jane Ogden | 정지숙 옮김

**제인 오그던**Jane Ogden은 영국 서리 대학교 건강 심리학 교수이다. 식습관과 체중 관리에 대한 연구와 집필을 30년째 이어오고 있으며 다이어트를 주제로 잡지, 라디오, 텔레비전 등에 기고하고 있다.

**정지숙**은 성균관대학교에서 영어영문학을 전공하고 이화여자대학교 통·번역대학원에서 번역학 석사학위를 취득했다. 현재 동대학원 통·번역연구소 소속의 영한 및 한영 전문번역가이자 연구자로 정부 과제 및 기업 의뢰 번역을 수행하고 있으며 문학, 문화, 기술, 경제 분야의 프리랜서 번역가로 활동 중이다.

여는 글 • 7

01 아름답고 싶은 욕망이 만든 '다이어트' • 12
02 과체중, 혹은 비만? • 26
03 왜 우리는 과식을 하는가? • 35
04 왜 우리는 충분히 활동하지 않는가? • 50
05 진짜 다이어트의 의미, 그리고 결과물 • 61
06 왜 다이어트에 실패하는가? • 83
07 누가 다이어트에 성공하는가? • 96
08 행동 변화를 위한 몇 가지 전략 • 124
09 성공적 다이어트 실현을 위한 도구 모음 • 143
10 다이어트를 돕고 싶은 전문가들에게 • 177
11 아이들의 다이어트를 위한 조언 • 192

마무리하며 • 212
추가자료 • 216
참고문헌 • 217

## 이 책이 다른 다이어트 도서와 다른 이유

이미 시중에는 다이어트에 관한 책이 차고 넘친다. 그중 태반은 살을 빼고 싶어 하는 사람들에게 명확하고 단순하지만 사실무근인 메시지를 전달한다. 체중 감량을 만만한 것으로 묘사하는가 하면, 감량 상태를 유지할 수 있을 것처럼 엄청나게 부풀려서 잘도 팔고 있다! 물론 식습관, 체중 감량, 섭식 장애, 비만의 복잡함을 다룬 더 균형 잡힌 서적도 존재한다. 하지만 이런 책들은 전문가를 대상으로 하거나, 내가 쓴 『식사와 심리학The Psychology of Eating』처럼 참고 문헌 목록이 방대하고 자신의 연구를 학문적으로 뒷받침하고자 하는 학생들을 대상으로 쓰인 책이다. 그래서 나는 이번 책 『다이어트: 심리학으로 말하다』를 통해 다이어트를 둘러싼 문제를 이해하기 쉽고 간결하게 설명하고자 한다. 이를 위해 먼저 다이어트의 역사와 왜 사람들이 다이어트를 하는지, 다이어트의 긍정적 결과와 부정적 결과, 다이어트에 성공하거나 실패하는 이유에 대해 알아볼 예정이다. 그 후에는 식습관 변화를 위한 전략을 구상해 보고, 더 오래 지속할 수 있는 바람직한 다이어트 방식을 권함으로써 이러한 전략을 다이어트 성공률을 극대화하는 데 어떻게 활용할 수 있을지 살펴볼 것이다. 미안한 이야기지만 이 책에는 체중 감량 성공을 위한 묘약은 없다. 하지만 재차 시도해 볼 수 있도록 증거에 기반한 전략과 제안을 제공하여 궁극적으로는 다이어트 성공 가능성을 높이는 데 도움을 줄 것이다. "모든 사람을 늘 만족시킬 수는 없다."라는 말이 있다. 누구에게나 항상 효과가 있는 한 가지 다이어트 비법은 없다. 하지만 이 책을 통해 많은 사람들이 자신에게 효과가 있는, 그리고 다이어트와 관련해 도움을 주고 싶은 사람들에게 효과가 있는 여러 방법을 찾아낼 수 있기를 바란다.

## 세상의 모든 다이어터와 그 조력자들을 위해

『다이어트: 심리학으로 말하다』는 체중 감량이 필요하고 감량 상태를 유지하고 싶어 하는 모든 사람을 위한 책이지만, 그중에서도 다이어트에 대해 더 많은 정보를 얻고 싶고 다이어트가 알려진 것만큼 쉽지 않다는 사실을 알고 있는 사람들을 염두에 두고 집필되었다. 또한 체중 감량 동호회 지도자, 영양사, 영양학자, 상담 전문가, 심리학자, 간호사, 개인 트레이너, 반려자 또는 부모와 같이 다른 사람의 체중 감량을 돕고자 하는 사람들과 다이어트가 언제 그리고 왜 성공하거나 실패하는지 알고 싶은 사람들, 지속 가능한 방식으로 체중 감량을 할 수 있도록 다른 이를 격려하고자 하는 사람들을 위한 책이기도 하다.

## 다이어트와 심리학의 만남

나는 서리 대학교에서 건강 심리학을 가르친다. 심리학, 영양학, 수의학을 전공하는 학생들에게 건강 심리학 전반에 대해 강의하고, 세부적으로 식습관과 체중 관리에 심리적 요인이 미치는 영향을 가르치고 있다. 지금까지 총 여섯 권의 책을 집필했으며 그중 세 권인 『희망 고문: 다이어트에 대한 오해Fat Chance: The Myth of Dieting』, 『식사와 심리학The Psychology of Eating』, 『내 아이 식습관 잡아 주기The Good Parenting Food Guide』가 식습관에 관한 책이다. 180편 이상의 학술 논문을 발표했으며 그중 약 100편이 다이어트, 비만, 섭식 장애에 관한 것이다. 다이어트 연구와 이론을 일반 대중에게 소개하는 데 관심이 많아 라디오와 텔레비전 토론에 고정 출연 중이고 『더 컨버세이션The Conversation』 지에 '푸드 파이트'라는 칼럼을 연재하고 있다. 이밖에 여러 신문과 잡지에도 논설을 기고하고 있다.

## 끝까지 읽으면 생각이 바뀐다

독자 여러분이 이 책을 어떻게 이용할 것인지 내가 정해 줄 수는 없다. 하지만 건강 전문가와 다이어트 도전자들에게 책을 읽어 보도록 권했더니 모두들 이 책의 이야기 전

개나 전달 방식이 마음에 든다는 반응을 보였다. 내가 의도한 대로다! 그러니 일단 책을 열어 처음부터 끝까지 읽어 보길 바란다. 참고로 이 책의 핵심은 우리가 과식을 하는 이유가 심리적 요인과 환경적 유발 기제 때문이라는 것이다. 덜 먹으려면 생각을 바꾸고 주변 환경을 관리해야 한다. 여기에 그 방법이 나와 있다! 그렇지만 끝까지 읽어야 알 수 있다. 정말이지 짧은 책 아닌가!

# 01

# 아름답고 싶은 욕망이 만든 '다이어트'

전해 내려오는 유물이나 기록, 이미지 등을 통해 알 수 있듯이 오랜 시간 사람들은 남녀 할 것 없이 자신의 외모를 바꾸고 싶어 했다. 동굴 벽화에는 장신구와 화장한 얼굴이 등장하고 고대 유적에서는 빗과 보석이 발굴되었다. 이집트인들의 무덤 안에는 정교한 가면과 의복이 그득했다. 좀 더 시간이 흐른 후에는 여자들은 코르셋과 레이스, 브래지어와 보정 속옷에 의지했고, 남자들은 수염을 기르거나 일부를 말끔하게 면도했다. 이때까지만 해도 신체는 시대의 흐름과 유행에 맞게 살짝 손봐야 하는 무언가로 남아 있었다.

그 후 20세기에 들어 신체를 보다 영구적으로 탈바꿈하려는 욕구와 함께 다이어트가 등장했다. 미디어와 패션 산업, 이상적 몸매에 대한 기준의 변화, 다이어트 산업의 부상 등을 통해 이러한 사실을 알 수 있다. 1980년대에는 다이어트에 대한 반발이 일기 시작했으며 현재는 다이어트 관련 서적이나 강습의 급증으로 재미를 보고 있다. 1장에서는 다이어트의 역사를 되짚어 봄으로써 증거에 기반한 접근, 즉 제대로 된 다이어트에 대한 개념이 왜 필요한지 설명하기로 한다.

## 신체는 어떻게 바뀌어 왔는가?

인류는 수 세기 동안 고래수염, 라텍스, 나일론, 면을 이용해 시대 흐름에 맞지 않는 모든 신체 부위를 개조하고 보정해 왔다. 1800년대 제인 오스틴의 작품에 등장하는 엘리자베스 베넷이 풍만한 가슴을 뽐내기 위해 입었던 엠파이어 라인 드레스, 1820년대 플로베르의 작품에서 보바리 부인을 항상 어지럽게 했던 고통스럽도록 꽉 끼는 코르셋, 잘

록한 허리와 큰 엉덩이를 돋보이게 했던 1850년대 둥근 후프를 끼운 치마를 떠올려 보자. 1920년대 여성스러움을 배제한 플래퍼 스타일이 유행할 때조차 가슴을 조이고 배를 납작하게 하기 위해 브래지어와 코르셋 착용이 용인되었다.

1960년대 후반, 여성들은 와이어와 레이스 달린 코르셋 대신 갖가지 고무가 들어간 제품을 착용하다가 이마저도 벗어 던지고 결국 자유로움을 택했다. 갑옷 같은 브래지어 대신에 더 부드럽고 가벼운 브래지어를 착용하다가 이후에는 그도 하지 않는 호사를 누린 것이다. 이로써 여성들은 살과 근육의 자연스러운 탄력에만 의지하는 방식으로 자신의 신체를 해방시킬 수 있었고, 심지어 반드시 그래야만 한다는 기대가 생겨 나기도 했다. 그 후 비키니의 등장과 함께 마른 모델의 시초 격인 트위기Twiggy(본명은 데임 레슬리 로슨Dame Lesley Lawson으로 영국의 패션 모델 겸 배우, 가수이다—옮긴이 주)가 열렬한 환호를 받으며 패션계에 등장했다. 갑작스레 자연스러운 관리와 자연스러운 탄력의 시대가 열리자 여성들은 조이거나 받쳐 주어야 할 살덩이들을 없애야 했다. 비키니는 신체를 보호한다는 의복의 목적과는 거리가 멀었고, 남아도는 체지방이 전혀 없는 사람들만 누릴 수 있는 자유를 상징했다. 트위기는 브래지어나 코르셋을 착용할 필요가 없었다. 조이지 않으면 튀어나오기 마련인 몸을 애써 우겨 넣을 필요 자체가 없었기 때문이다. 트위기에게 이러한 수고가 필요하지 않았던 이유는 여성의 신체를 자유롭게 하려는 욕구에서 비롯된 것이 아니라 해방시킬 것이 없었기 때문이었다. 가슴이 크게 두드러지지 않을 경우에만 브래지어를 착용하지 않을 수 있었고 코르셋 없는 맨몸으로도 충분한 경우에만 코르셋을 착용하지 않을 수 있었다. 바로 이 지점에서 다이어트가 등장했다. 비만이라는 유행병이 생기기 훨씬 이전인 1960년대에 다이어트 붐이 일기 시작했고 그 중심에 있던 다이어트 산업은 이후로도 줄곧 성장세를 이어 가고 있다.

## 다이어트, 산업계의 거대 공룡이 되다

단행본, 잡지, 다이어트 동호회, 신문 기사, 텔레비전 프로그램, 다이어트 보조제, 어플리케이션, 온라인 지원 단체,

운동 비디오, 이 모두가 다이어트 산업에 속하며 체중 감량이 필요한 사람들이 활용할 수 있는 여러 가지 자원을 제공한다. 동시에 다양한 다이어트 산업은 신체 사이즈에 대한 고정 관념과 신체 사이즈는 바뀔 수 있다는 생각을 만들어 내는 등 사람들의 사고 방식 자체를 바꾸어 놓기도 했다.

## 다이어트 산업이 우리에게 준 것

1963년 미국에서 다이어트 제품 및 서비스 브랜드인 웨이트 워처스Weight Watchers가 설립되었다. 영국에서는 1967년 웨이트 워처스가 설립되었고 1969년에는 『슬리밍Slimming』지 초판이 발행되었다. 『슬리머Slimmer』는 1990년 1월부터 6월까지 단 6개월 동안 14만 2천 부가 팔렸다. 웨이트 워처스 영국 지사의 회원 수는 평균 14만 명이고, 슬리머클럽Slimmer club의 회원 수는 평균 4만 명을 기록했다. 나오미 울프Wolf는 미국의 연간 다이어트 산업 규모를 330억 달러로 보았다(1990). 이턴Eyton이 쓴 『섬유질 다이어트The F Plan Diet』(1982)는 출간 3주 만에 81만 부가 판매되었고,

『로즈마리 콘리의 완벽한 엉덩이와 허벅지 다이어트 Rosemary Conley's Complete Hip and Thigh Diet』(1989)가 200만 부 이상 판매되었다. 현재 영국의 각 지역 보건소에서는 체중 감량 지원 서비스를 받을 수 있고, 국민 의료 보험에서는 영국 전역의 다양한 의료 기관을 통해 체중 감량 서비스를 제공한다. 이러한 서비스의 이용 여부에 따라 사람들이 실제로 차도를 보이기 때문에 체중 감량 서비스를 제공할 필요가 있다. 다이어트 산업은 이용자를 위해 전단, 단행본, 대면 서비스, 웹사이트 등을 통해 정보를 제공한다. 또 네트워크를 형성해 단체의 지원을 받을 수 있는 기회를 제공하고, 체중 검사와 심리적 강화를 통한 전문적인 관리를 제공한다. 이 모든 것들은 굉장히 유용하다. 하지만 다이어트 산업은 동시에 신체 사이즈에 대한 우리의 생각을 바꾸기도 한다.

## 다이어트 산업, 우리 생각까지 바꾸다

신체 사이즈와 관련한 고정 관념은 많다. 마른 것은 대부분 매력, 통제력, 정서적 안정 등과 관련이 있지만, 과체중은 볼품없음, 통제력 없음, 의지박약, 게으름 등과 관련이 있다. 이러한 고정 관념은 미디어와 패션 산업에 의해 만들어지고 다이어트 산업을 통해 고착화된다. 다이어트 업계는 날씬한 모델들을 고용해 저열량 간편식, 식사 대용 식품, 초콜릿바, 일반 의약품 등의 신상품을 판매하고, 최신 의류를 선보일 때에도 날씬한 모델을 내세운다. 체중 감량으로 매력을 높일 수 있다는 점을 강조하기도 한다. 예를 들어 메이즐Mazel은 『베벌리힐스 다이어트Beverly Hills Diet』에서 누가 "너무 말랐는데."라고 하거든 "고마워."로 응수하라고 한다.[1] 마찬가지로 잡지에는 살을 뺀 여성들이 얼마나 더 행복해졌는지, 이들의 삶이 어떻게 바뀌었는지에 대한 성공담이 실린다. 스티븐 트위그Twigg는 『켄싱턴 다이어트Kensington diet』에서 켄싱턴 다이어트를 하면 "많은 것을 이룰 수 있다. 외관상으로나 기분상으로나 더 건강하고 더 행복하고 더 젊고 더 열정적인 사람이 된다."라고 했다.[2]

때로 다이어트는 통제력을 강조하기도 한다. 예를 들어 『완벽한 엉덩이와 허벅지 다이어트』 외에 『완벽한 뱃살 빼기 계획Complete Flat Stomach Plan』(1996), 『신진대사 촉진 다이어트Metabolism Booster Diet』(1991)를 저술한 콘리는 과체중인 사람들은 틀림없이 "지방과 설탕 함량이 높은 고열량 음식을 너무 많이 먹은 것이다. 버터를 듬뿍 바른 빵과 각종 튀김, 크림 케이크, 비스킷, 초콜릿, 감자 칩… 모두 과체중인 사람들이 사랑하는 음식이다."라고 말했다.[3] 마찬가지로 메이즐은 『베벌리힐스 다이어트』(1981)에서 "여러 가지 음식이 차려져 있을 때는 반드시 통제력을 발휘해야 한다. 마음 가는 대로 먹어서는 안 된다. 인간답게 먹어야지 뚱뚱한 사람처럼 먹으면 안 된다."라고 했다.

다이어트 산업에서는 과체중을 그저 뿌리 깊은 심리적 문제 탓으로 돌려 버릴 때도 있다. 예를 들어, 레빈Levine은 『날씬해지고 싶어, 뚱뚱해지고 싶어I Wish I Were Thin, I Wish I Were Fat』에서 여성들이 무의식적으로 뚱뚱해지고 싶어 하며 바로 이 때문에 과식을 한다는 주장을 펼쳤는데 이러한 무의식적 욕구를 인정할 때 "비로소 날씬해지고 싶은 의식적 욕구도 채울 수 있다."고 말했다.[4] 실제로 콘리는 식단 조절을 통해 살을 뺐다가 다시 찐 한 여성을 두고 이렇게 말했다. "비비안은 개인적인 문제 때문에 다시 살이 쪘다. 하지만 앞서 다이어트에 성공했을 때 큰 기쁨을 맛보았기 때문에 다시 도전하기로 마음먹고 또 살을 뺐다."[5] 다이어트 산업은 신체 사이즈에 대한 우리의 생각을 완전히 바꾸었으며, 날씬하면 매력적이고 뚱뚱하면 통제력이 부족하고 심리적으로 문제가 있다는 신호로 여기도록 부추겼다. 나아가 이 막강한 다이어트 산업은 신체 사이즈는 바꿀 수 있고 이 변화는 자기들이 이끄는 대로 따라가기만 하면 쉽게 이룰 수 있다는 확신을 주기도 했다.

## 신체 사이즈는 쉽게 바뀐다?

체중을 감량하고 또 이를 유지하기란 지독히 어렵다. 때문에 최대한 효과적인 다이어트를 위해 이 책을 쓰고 있는 것이다! 하지만 다이어트 업계에서는 자신들의 제품을 내놓을 때마다 성공을 위해 꼭 필요한 지름길이라고 말한다. 『채식을 통한 체중 감량Eat Green-Lose Weight』의 첫머리에서 "날씬해지려면, 날씬함을 유지하려면, 실패하거나 쉽게 지치는 단기 다이어트에 이골이 났다면 이 책을 구입해야 한다."고 운을 뗀 콜맨Coleman은 "몇 달 내에 더 건강하고 더 탄탄하고 더 강하고 더 행복해질 것이다."라고 주장했다.[6] 마찬가지로, 드 브리스De Vries는 독자에게 "이번만큼은 성공하겠다고 결심하라. 더 이상의 요요는 없다. 반드시 살이 빠질 것이며 영원히 유지될 것이다."라고 말했다.[7] 트위그는 고객들의 성공담을 전한 후 "이들에게 효과가 있다면, 장담하건대 여러분도 반드시 효과를 볼 수 있을 것이다!"라고 했다.[2] 심지어 지방을 줄이지 않고도 성공적인 체중 감량이 가능하다고 포장하는 경우도 있다. 예를 들어 라자리데스Lazarides는 대부분 수분이 근본적인 문제라며 "변기에 앉아 며칠 내로 필요 없는 체중 9kg을 소변으로 배출할 수 있다고 하면 터무니 없는 소리" 같이 들리겠지만 자신의 식단을 잘 지키면 "말 그대로 남는 몸무게를 소변으로 배출할 수 있으며, 그것도 며칠 내로 가능할 수도 있다."라고 말했다.[8] 다이어트 업계는 체중 조절을 할 수 있다며 다양한 다이어트 제품을 내놓는다. 다이어트 제품의 성공을 강조함으로써 개인이 신체 사이즈와 체형을 쉽게 바꿀 수 있다는 믿음을 강화한다.

그 결과 다이어트 산업은 1960년대부터 지속적으로 호황을 누리고 있다. 하지만 20세기 말에 판세가 뒤집혀 다이어트에 대한 반발이 나타나기 시작했다.

## 다이어트에 대한 반발

1978년에 발간한 수지 오바크Susie Orbach의 책 『비만은 페미니즘의 주제다Fat Is a Feminist Issue』에서는 날씬해야 한다는 사회적 압력과 여성들이 과식을 하는 복잡한 이유를 잘 보여주었다. 이 책에는 '반反 다이어트 지침'이라는 부제가 붙었다. 1982년 카탄Katahn은 자신의 저서에 '다이어트를 완전히 멈출 수 있는 방법How to Stop Dieting Forever'이라는 부제를 달고 첫 문장을 이렇게 시작했다. "내가 이 책을 쓰는 이유는 다이어트를 하면 평생 몸무게를 조절할 수 있다는 말도 안 되는 책들에 솔직히 신물이 났기 때문이다."[9] 이와 비슷하게 캐넌Cannon과 아인지히Einzig의 『다이어트를 하면 뚱뚱해진다Dieting Makes You Fat』, 폴리비Polivy와 허먼Herman의 『다이어트 습관 깨기Breaking the Diet Habit』가 1983년에 나왔다. 하지만 1990년대에 이르러서야 다이어트에 반대하는 분위기가 비로소 탄력을 받기 시작해서 '다이어트 파괴자들Diet Breakers'과 '뚱뚱함 받아들이기 운동Fat Acceptance movement' 등의 단체가 설립되었다. 동시에 책에서는 과체중이 주는 기쁨에 대해 찬사를 보내고 잡지에서는 '다이어트의 대안'을 다룬 글을 실었다. 예를 들어, 스미스Smith는 1993년 자신의 저서 『섬유소를 이용한 건강한 식습관Fibrenetics』을 "마침내 다이어트에 대한 모든 생각을 창 밖으로 내던져 버리는" 계기로 삼으라고 했다.[10] 나 또한 1992년에 『희망 고문: 다이어트에 대한 오해Fat Chance: The Myth of Dieting Explained』를 출판했고, 재닛 폴리비Janet Polivy와 피터 허먼Peter Herman 등의 학자들은 '다이어트 안 하기'를 권장하는 프로그램을 개발했다. 특히 미국, 캐나다, 영국에서 사람들이 다이어트의 가치에 대해 회의를 느꼈고 '다이어트 중'이라고 하면 사회 순응적이라는 편견을 내포하기에 이르렀다. 그렇다고 여성들이 다이어트를 멈춘 것은 아니다. 책장은 여전히 체중 감량을 위한 지침서로 빼곡하다.

## 다이어트에 신화는 없다

매년 유행처럼 다이어트 비법이 쏟아져 나오고, 다이어트를 하는 사람들은 여전히 쉽게 성공할 수 있는 마법의 약을 간절히 바란다. 하지만 지난 수십 년간 다이어트에 대해 좀 더 균형 잡힌 접근이 이루어졌다. 1980년대 비만이 유행병처럼 번진 여파로 다이어트가 어렵다는 인식이 생겨났다. 그리고 이제 대부분의 영양학자, 영양사, 심리학자, 체중 조절 단체와 행동 교정 전문가는 지속 가능한 '건강한 식습관'이나 '건강한 생활 방식'에 대해 이야기한다. 물론 이러한 방법은 시작 단계에서 상당량의 체중 감량을 통해 추진력을 얻어야 하며 이를 위해 약물 치료, 초저열량 식단 또는 수술 요법까지 필요할 수 있다. 하지만 동시에 평생 유지할 수 있도록 습관을 바꿔야 한다는 인식 역시 점점 확산되는 중이다. 그러나 올바른 방법을 시도하려는 의지가 있다 하더라도 무엇이 올바른 방법인지는 아직도 명확하지 않다. 나는 영양사와 영양학자를 가르친다. 내 학생들은 생화학 분야의 전문가이기 때문에 사람들에게 정확히 무엇을 먹어야 하는지는 알지만, 사람들의 행동을 교정할 수 있는 방법은 모르기에 이러한 것들을 절실히 알고 싶어 한다. 나는 과체중인 사람들 역시 자주 만나는데 이들은 올바른 방식으로 살을 빼서 평생 유지하고 싶지만 자신들이 접하는 정보가 너무 많아서 혼란을 겪는다.

체중을 감량하고 영원히 유지할 수 있는 단 한 가지 다이어트 비법이 있다는 말을 하려는 것이 아니다. 그런 건 없다. 사람에 따라, 때에 따라 효과가 있는 다양한 방법이 있을 뿐이다. 이 책의 목적은 이러한 방법들을 제시해서 살을 빼야 하는 당사자나 다른 이들이 살을 빼도록 도와주고 싶은 사람들이 쉽게 다이어트를 시도할 수 있게 하는 것이다. 나는 이것을 '다이어트를 잘하기 위한 도구 모음'이라고 부른다. 여기에는 30년간의 연구 결과와 30년간 피해 온 '어떻게 살을 뺄까?'라는 질문에 대한 답이 담겨 있다. 음, 드디어 해답을 찾은 것도 같다.

## 다이어트를 잘하기 위한 도구 모음

과체중은 기본적으로 심리적 요인과 환경적 유발 기제라는 두 가지 요인에 따른 산물이다. 이 두 요인 때문에 우리는 필요한 것보다 덜 움직이고 더 먹게 된다. 이 책에서는 우선 이 요인들이 어떻게 체중 증가를 유발하는지 알아본 후에 주변 환경 관리는 물론 생각의 전환에 도움이 될만한 많은 전략을 살펴본다.

## 02

# 과체중, 혹은 비만?

다이어트를 하는 주된 이유는 과체중이나 비만 때문이다. 1980년대 이후 확산된 체중 증가라는 유행병을 피해 가기는 불가능했을 것이다. 이번 장에서는 과체중을 판단하는 방법과 체중 증가의 확산, 결과, 원인을 유전 및 환경과 관련해서 설명한다. 너무 많이 먹고 너무 적게 움직이는 행동이 체중 증가와 다이어트에 핵심적인 역할을 하며, 이에 대해서는 3장과 4장에서 다루기로 한다.

## 과체중이란 무엇인가?

어떤 사람의 과체중 또는 비만 여부는 허리둘레, 체지방률, 인구 표준 등 여러 가지 기술을 이용해 결정할 수 있다. 가장 쉬운 방법은 신장과 체중의 비율인 체질량 지수BMI를 구하는 것인데 인터넷 상에 있는 체질량 지수 계산기를 이용해 쉽게 측정할 수 있다. 체질량 지수 18~24.9 사이는 정상 체중, 25~29.9 사이는 과체중, 30 이상이면 비만에 해당한다. 그러나 정상 체중에 속하는 많은 사람들이 외모를 바꾸고자 다이어트를 한다. 이로 인해 신체에 대한 불만족, 섭식 장애, 심지어 체중 증가에 이르기까지 많은 문제가 발생한다. 반면 과체중이거나 비만인 사람들은 건강을 개선하기 위해 다이어트를 한다. 이때도 정상 체중인 사람들의 경우와 똑같은 문제가 발생할 수 있다. 이들에 관해서는 5장에서 다루고 있다. 하지만 다이어트가 체중 감량과 건강 상태 개선, 행복 지수 상승으로 이어질 수도 있다. 제대로만 한다면 바로 이런 사람들이야말로 다이어트를 꼭 해야 하는 사람들이다.

## 어떤 사람이 과체중인가?

1980년대 이후 전세계 대부분의 국가에서 성인들이 더 뚱뚱해졌다. 1993년부터 2007년경까지 영국의 성인 비만율은 크게 증가하다가 지난 11년간은 상대적으로 안정되었다. 체질량 지수 30이상을 비만의 기준으로 삼으면 1980년에는 영국 남성의 6%, 여성의 8%가 비만이었고, 1994년에는 남녀 비만율이 각각 13%, 16%로 증가했으며 2009년에는 22%, 24%로 증가했다. 2009년 평균 체질량 지수는 남녀 모두 27이었다. 미국의 추정치를 보면 성인의 절반 정도가 과체중이고 3분의 1이 비만이며 특히 여성들이 최근에 더 뚱뚱해졌다. 세계 보건 기구는 전 세계 성인 인구 중 15억 명이 과체중이고 그중 4억 명이 비만이라고 추정한다.[11] 멕시코, 튀니지, 미국, 사우디아라비아, 캐나다의 비만율이 가장 높은 반면, 중국, 말리, 일본, 스웨덴, 브라질은 비만율이 가장 낮은 국가들이다. 영국, 호주, 뉴질랜드는 모두 중위권 국가에 속한다. 유럽 전체에서 북유럽과 서유럽 사람들은 동유럽과 남유럽에 비해 말랐고 남성에 비해 여성의 비만 확률이 더 높다.

## 과체중이 가져다 준 것

비만이 초래할 수 있는 결과는 여러 가지가 있으며, 심리적 문제와 동시에 신체적 문제도 일으킬 수 있다.

### 마음의 문제

아동의 경우 과체중이나 비만이 초래하는 가장 즉각적인 결과는 심리적인 것으로, 대개 신체에 대한 불만, 낮은 자존감, 불안, 우울, 전반적인 자신감 부족 등을 보인다. 과체중 아동은 마른 아동에 비해 괴롭힘을 당할 확률이 높고 이는 성적 부진이나 결석으로 이어질 수 있다. 성인도 아동과 비슷한 양상을 띠며 우울, 불안, 낮은 자존감, 신체에 대한 심한 불만을 보이기 쉽다.[11,12]

### 몸으로 나타나는 문제

아동의 경우 비만으로 인해 나타나는 신체적 결과는 대부분 움직임 부족, 낮은 체력, 또래에 비해 활동성이 떨어지는 것 등이다. 하지만 심각한 경우 소아 비만으로 인해 질병이 나타날 수도 있다. 연구에 따르면 소아 비만은 소아 천식 및 2형 당뇨병과 연관이 있다. 성인의 경우 비만은 심혈관계 질환, 심장 마비, 당뇨병, 관절 외상, 요통, 각종 암, 고혈압과 뇌졸중 등 광범위한 신체 질병과 확실한 연관이 있다. 체질량 지수 25 이상일 때 이러한 질병의 발병률이 확연히 증가한다. 비만이 어떤 영향을 미칠지는 체중이 어디에 과도하게 쌓여 있는지와도 연관이 있는데, 엉덩이나 허벅지보다 몸통에 많은 체중이 실려 있을 때 더 해롭다. 1996년부터 2005년 사이 영국에서 당뇨병 유병률이 46%에서 56%로 증가한 주된 원인은 비만이 증가했기 때문이다. 비만은 사망률과 기대 수명 감소와도 직접적인 연관이 있다.[11,13]

## 왜 체중이 늘어나는가

그렇다면 과체중의 원인은 무엇인가? 체중 증가의 원인은 유전, 환경, 행동의 세 가지 핵심적 측면에서 접근할 수 있다. 2장에서는 이 세 가지 원인 중에서도 특히 유전과 환경에 대해 다루고자 한다.

## 비만은 타고난다?

신체 사이즈는 유전되며 어떤 아이가 과체중이 될지 여부는 부모의 체중과 연관이 있다. 예를 들어, 부모 중 한쪽이 비만이면 아이가 비만이 될 확률은 40%이고 양친 모두 비만이면 그 확률은 80%로 늘어난다. 반면 마른 부모가 과체중인 아이를 낳을 확률은 약 7%로 매우 낮다. 하지만 부모와 아이는 환경과 유전적 특징을 모두 공유하기 때문에 비만이 될 확률은 이 두 요인의 영향을 모두 받는다. 이 문제를 다루기 위해 한 연구에서 쌍둥이와 입양아를 관찰했다. 그 결과 따로 자란 일란성 쌍둥이는 함께 자란 이란성 쌍둥이보다 몸무게가 서로 더 비슷했기 때문에 유전적 요인이 영향을 미쳤음을 알 수 있다. 입양된 사람들의 체중이 양부모보다 친부모와 유사하다는 사실을 보여 주는 연구도 있다. 연구자들의 전반적인 생각은 체중과 체지방이 쌓이는 부위(상체 또는 하체)는 모두 유전적 영향을 받으며, 아버지보다 어머니의 체중이 아이의 체중을 예상할 수 있는 더 정확한 척도이고, 체질량 지수가 증가할수록 유전적 요인이 미치는 영향은 줄어든다는 것이다.[14]

하지만 이러한 이론은 지난 30년간 왜 비만의 유병률이 그토록 크게 증가했는지를 설명하지 못한다. 이 기간에 우리의 유전자가 변한 것은 아니기 때문이다. 뿐만 아니라 주민들이 한 국가에서 이웃 국가로 이동할 때 체중이 새로운 환경에 빠르게 동화되는데 유전적 요인만으로는 이주민의 자료에 나타나는 이와 같은 명확한 증거를 설명할 수 없다.[15] 예를 들어 나이지리아에 거주하는 나이지리아인의 경우 비만율이 5%이지만 미국으로 이주한 나이지리아인의 비만율은 39%에 달한다. 마찬가지로 일본에 거주하는 일본인은 비만율이 4%이지만 브라질에 거주하는 일본인의 경우 39%이다. 마지막으로 비만이 친목 집단 내에서 어떻게 전염성을 보이는지도 유전학적으로 설명이 안 된다. 사회관계망을 이용한 연구를 통해 집단 내에서 체질량 지수가 어떻게 비슷해지는지 살펴보았는데 우리의 체중은 부모와 비슷하지만 친구들과는 더욱 비슷하며 친구들이 뚱뚱해지거나 날씬해지면 우리 또한 그렇게 된다는 것을

알 수 있다.[16]

그러므로 비만이 유전인 것처럼 보이고 일부 사람들은 유전적으로 체중이 증가하기 쉽다 하더라도 유전이 비만의 주된 원인일 수는 없다. 이에 따라 연구자들은 보다 유용한 설명을 위해 환경과 개인의 행동에 관심을 돌리게 되었다.

## 비만을 유발하는 환경

비만이 왜 증가하는지 설명하기 위해 연구자들은 이른바 '비만 유발 환경'인 외부 세계의 역할에 관심을 가졌다.[17] 예를 들어 식품 업계는 식품 광고, 저렴한 간편식, 포장 음식을 내세워 식자재 구입이나 요리를 방해하고 외식이나 군것질을 하도록 부추긴다. 게다가 육체노동은 점점 감소하는 반면 자동차, 컴퓨터, 텔레비전 사용은 늘어나 직장에서건 집에서건 우리는 몸을 덜 움직이게 되었다. 설령 활발하게 움직이고 싶다 하더라도 엘리베이터와 에스컬레이터가 계단 사용을 가로막는다. 또한 길에는 가로등과 인도가 없고, 오락 시설이나 쇼핑 시설이 주거 공간과 멀리 떨어져 있기 때문에 도시는 걸어 다니기 어렵게 설계되어 있다. 이와 같은 비만 유발 환경은 체중이 증가하기는 쉽고 마른 몸매를 유지하려면 애를 써야 하는 세상을 만들어 냈다.

## 이 장을 정리하면

비만율은 1980년대 이후 세계적으로 증가 추세이며 비만은 심리적, 신체적 건강에 영향을 미친다. 유전적 요인이 비만을 유발할 수 있지만, 비만의 추이나 이주민에 대한 자료에 나타난 증거, 사회관계망과 친구들의 체중이 미치는 영향 등은 유전학적으로 설명되지 않는다. 따라서 체중이 증가하기는 쉽고 마른 몸매를 유지하기는 힘든 비만 유발 환경에 주목하게 된다. 하지만 비만 유발 환경에 산다고 다 과체중이 되는 것은 아니기 때문에 이 이론도 비만의 원인에 대해 충분하게 설명할 수는 없다. 따라서 음식물 섭취와 신체 활동, 이 두 가지 행동 또한 분명 비만에 영향을 미치는 요인임을 알 수 있다. 이에 대해서는 다음 두 장에서 논의할 것이다.

## 03

# 왜 우리는 과식을 하는가?

섭취 에너지를 소비 에너지로 나누는 에너지 방정식은 매우 정교한 균형을 이루고 있기 때문에 단 한 조각이라도 필요 없는 토스트를 매일 추가로 먹는다면 일 년 뒤에는 체중이 3kg 불어난다. 그렇다면 과체중이나 비만으로 이어지는 것도 순식간이 아니겠는가! 그러므로 과체중인 사람은 분명히 과거에 필요한 것보다 많이 먹은 것이다. 또한 체중이 지금 수준에 머물러 있다면 정확히 자신이 소비하는 에너지만큼 음식을 섭취하고 있는 것이 분명하다. 그렇지 않다면 체중이 줄어들 것이기 때문이다. 왜 먹느냐고 물으면 사람들은 대개 "배가 고프다."라거나 "좋아서."라고 답한다. 일반적으로 식습관을 생존 욕구에서 비롯된 생물학적 욕구로 보는 경향이 있다. 하지만 배가 고픈 것 외에도 "심심했다.", "우울했다.", "그냥 음식이 있었다.", "그릇을 비워야 했다.", "일요일 점심은 가족이 다 모이는 자리다.", "친구랑 만났다." 등 우리가 음식을 먹는 이유는 너무나 다양하다. 따라서 식습관은 단순한 생물학적 욕구보다 훨씬 더 복잡하다. 간단히 말해 우리는 심리적 요인과 환경적 유발 기제로 인해 먹는다고 할 수 있고, 결국 이 때문에 과식을 할 수도 있다.

## 우리는 왜 먹는가?

태어나는 순간부터 우리는 학습을 통해 어떤 음식을 좋아하게 된다. 학습을 통해 말을 하고, 어떤 옷을 좋아하게 되고, 어떤 취미를 즐기게 되는 것과 마찬가지다. 대상에 노출되면서 학습하고 단순히 더 익숙한 음식을 더 선호하게 된다. 부모, 또래, 혹은 미디어를 보며 배우고 다른 사람들,

특히 우리가 사랑하고 닮고 싶은 사람들이 먹는 음식을 보며 배운다. 그리고 보상과 연상이라는 단순한 과정을 통해서도 학습한다. 아이는 성장 과정에서 부모가 "채소 다 먹으면 디저트 먹게 해 줄게.", "말도 잘 들었는데 케이크 한 조각 먹으렴.", "오늘 힘들었니? 비스킷 좀 먹어."라고 하거나 "특별한 거 먹자, 아이스크림 먹으러 가자."라고 하는 말을 듣는다. 이런 말들을 통해 달콤한 음식은 특별하지만 채소는 지루하며, 특별한 음식은 특별한 기분이 들게 하고 우리의 감정을 조절할 수 있는 훌륭한 수단이라고 배우게 된다.[18,19] 이런 식으로 머릿속에 새겨진 도식이 우리가 성인이 될 때까지 남아 무슨 음식을 좋아하고 언제, 어떻게 먹을 것인지 결정하는 기준이 된다. 이것이 바로 과식을 유발하는 요인들이며 다음의 요인들과 연관 지어 볼 수 있다.

### 기분 전환을 위해 먹는다

아이가 기분이 나쁠 때 가장 쉽고 빠르게 달랠 수 있는 방법은 음식을 주는 것이다. 자신의 현재 감정에 집중하지 못하게 하는 이 방법은 손과 입으로 할 수 있는 무언가를 쥐어 줌으로써 기분이 나빠진 이유가 무엇이었든 주의를 다른 곳으로 돌리게 한다. 이때 선택된 사탕이나 비스킷 등을 특별한 음식이라고 인식하게 되면 아이는 '대접'받은 느낌이 들어 더 행복해질 것이다. 음식을 이런 식으로 사용하면 단기적으로는 효과를 본다. 하지만 장기적으로는 음식이 감정을 조절하는 데 좋은 방법이라는 것을 빨리 학습하게 되므로 해로울 수 있다. 그렇게 되면 살아가면서 싫증이 나거나 불안하거나 그저 지루할 때마다 기분 전환을 위해 음식을 찾게 된다. 이것이 바로 감정적 섭취다. 연구 결과가 시사하는 바에 따르면 감정적 섭취는 체중 증가와 연관이 있다.[20,21]

### 사회적 교류를 위해 먹는다

음식은 공복감과 포만감을 조절하기 위한 것이어야 하며 신체를 유지하기 위한 단순 연료로 이해해야 한다. 하지만 가정과 사회 전반에서 음식을 소비하는 방식 때문에 우리는 음식을 삶의 여러 측면과 다양하게 연결해 생각한다. 음식이 불러일으키는 핵심 관념 중 하나가 바로 사회적 상호 작용이다. 따라서 많은 사람에게 음식이란 감정을 조절하는 수단일 뿐 아니라 가족과의 시간, 생일, 결혼식, 종교 축제, 데이트, 다른 사람들과 함께하는 모든 행사를 기념하는 의미를 지닌다. 이 때문에 많은 사람이 과식을 하고 그 결과 체중이 불어난다.

## 자신을 드러내기 위해 먹는다

음식은 또 우리가 스스로를 바라보는 방식에 중요한 영향을 미치며, 자기 정체성의 핵심적인 부분을 형성하기도 한다. 그래서 본인이 편식을 한다거나 입맛이 까다롭다거나 가리는 게 많다고 판단하는 사람들이 있는 한편, 난 뭐든지 잘 먹는다고 당당하게 얘기하는 사람들도 있다. 어떤 사람들은 건강에 관심이 굉장히 많아서 저지방, 저당, 저염 식품만 먹고 육류와 식품 첨가제, 가공식품을 피한다. 그런가 하면 다른 사람들은 자신이 무얼 먹을지 영양학자가 정해서도 안 되고, 다 쓸데없는 얘기라며 가리지 않고 먹는 것을 아주 자랑스러워 한다. 어떤 사람들은 요즘 입맛이 없다고 사람들에게 말하고 다니는 반면 다른 사람들은 자신이 엄청난 대식가라며 자랑한다. 이 모든 것이 음식을 통한 표현 방식이다. 우리가 스스로를 어떻게 보는지, 주변 세상에 우리를 어떤 사람이라고 말하는지를 보여 주는 것이다. 음식은 우리가 사용하는 언어의 역할을 하게 되었고 그 결과 우리는 필요한 것보다 더 많이 먹고 과체중이 되기도 한다.

### 죄책감과 절제는 체중 증가를 부른다

어떤 사람들에게 음식은 기쁨이자 대접이며, 삶을 더 긍정적으로 느끼게 해주는 방식이다. 하지만 많은 사람에게 음식은 죄책감이나 부정적인 것과 관련이 있다. 마른 것은 매력, 통제력, 정서적 안정을 연상시킨다. 때문에 말라야 한다는 압박을 심하게 받아 사람들은 살을 빼기 위해 음식 섭취를 제한한다. 하지만 음식을 절제하는 과정이 너무 길어지면 결국에는 먹고, 먹은 것에 대해 죄책감을 느끼고 또 그 죄책감을 달래기 위해 과식을 반복한다. 그리고 마지막에는 체중이 증가한다.[22]

## 음식, 눈앞의 이익이자 미래의 손실

음식은 여러모로 보상과 관련이 있다. 음식을 먹으면 맛도 좋고 기분도 좋아지기 때문에 보상이 된다. 대접받을 만한 일을 했을 때, 휴식을 취할 때나 목표를 달성했을 때도 음식으로 보상한다. 뿐만 아니라 "저녁을 다 먹었으니 디저트를 먹어도 되겠다." 혹은 "식단을 잘 지켰으니 케이크 한 조각은 먹을 자격이 있지."라고 생각하는 것처럼 어떤 음식을 먹거나 혹은 안 먹은 데 대한 보상으로도 음식을 이용할 수 있다. 그 결과 건강에 해로운 음식은 보통 '대접'의 의미를 꿰차는 반면, 건강에 좋은 음식은 고리타분하고 단순히 필요에 의해 섭취하는 것쯤으로 비친다. 문제는 이러한 보상은 모두 현시점에 이루어지지만, 체중 증가로 발생되는 부정적인 결과는 항상 미래에 나타난다는 것이다. 그리고 사람들은 '미래 가치를 평가 절하'하기 때문에 미래에 치러야 할 손실 비용보다 당장의 이익과 보상을 항상 우선하며, 그 결과 40년 뒤의 심장 질환보다는 눈앞에 있는 케이크가 항상 우선시된다. 그래서 우리는 과식을 하고 우리의 체중도 증가한다.[23,24]

### 손익 분석의 결과물인 식습관

기본적으로 식습관은 그야말로 손익 분석의 결과이다. 사람들은 죄책감, 위험, 비만, 당뇨병, 심장 질환과 같은 손실 비용과 감정 조절, 사교성 발휘, 정체성 표현, 기쁨, 보상 등의 이익을 저울질한다. 안타깝게도 음식에 있어서는 대부분의 이익이 현시점에 실현되고 손실은 미래에 발생하기 때문에, 이익이 대부분 승리를 거둔다. 따라서 사람들은 먹어야 하는 것보다 더 먹는다.

그러므로 먹는 것은 우리가 음식에 대해 어떻게 생각하는지에 대한 반응이다. 또한 환경적 유발 기제에 대한 반응이기도 하다.

## 우리를 둘러싼 비만을 유발하는 환경

비만 유발 환경은 음식 섭취를 쉽게 만들고 다양한 유발 기제를 제공한다. 무의식적인 섭취를 유발하며 우리가 무엇을, 언제, 어디서, 어떻게, 왜 먹는지도 바꾼다.

## 아무 생각없이 먹게 만든다

과거에는 감자 칩 한 봉지가 30g이었기 때문에 한 봉지를 다 먹으면 그걸로 끝이었다. 이제는 60g짜리 '대용량 포장'이 더 많이 보인다. 예전처럼 30g만 먹고 그만 먹는 사람은 거의 없다. 원래 먹던 양의 두 배를 전부 다 먹는다. 우리는 이제 한 회당 제공량이 훨씬 많고, 직장에서는 케이크를 흔하게 제공하고, 찬장에 간식을 쟁여 놓고, '드라이브인' 패스트푸드점에 가서 수천 칼로리에 달하는 음식을 차에서 내리지도 않고 사 먹을 수 있는 세상에 살고 있다. 이렇게 먹는 이유는 과거에 비해 배가 더 고파서가 아니다. 단지 있으니까 먹는 것이다. 그리고 먹을 때 역시 먹고 있다는 것을 의식하지 못한 채 먹기 때문에 포만감도 느끼지 못한다. 이른바 무의식적 섭취를 한다.[25] 최근에 우리는 네 가지 다른 상황에서 사람들이 얼마나 먹는지를 관찰하는 실험을 했다. 차 안에서, 텔레비전을 시청하며, 누군가와 대화를 하며, 혼자서 식사를 하는 각각의 상황에서 두 가지 결과를 찾아냈다.[26] 첫째, 위의 모든 상황 중 텔레비전을 시청할 때 가장 많이 먹었으며 이런 결과는 다른 많은 연구에서도 이미 나와 있다.[27] 둘째, 운전하며 먹는 양은 배고픈 정도와는 상관이 없었다. 다른 데 신경을 쓰고 있을 때 더 많이 먹으며, 특히 텔레비전을 보면서 먹을 때 더 먹는다는 사실을 알 수 있었다. 운전할 때처럼 다른 곳에 신경을 쓰면서 먹으면 먹은 음식을 인식하지 못해서 포만감을 느끼지 못한다. 그 결과 나중에 더 먹게 되는 것으로 나타났다.[28] 이러한 무의식적 섭취로 인해 음식이 쉽게 손에 닿는 환경에서 과식을 하게 되고 시간이 지날수록 체중이 불어난다.

## 무엇을 먹는가

재료 준비부터 시작해서 직접 요리를 하는 경우는 줄어들고 패스트푸드점이나 포장 음식, 간편식이 늘어나는 등 비만을 유발하는 환경이 먹거리에도 변화를 가져왔다. 패스트푸드, 포장 음식, 간편식은 대부분 고지방 식품이기 때문에 체중 증가의 원인이 된다. 비만이 고탄수화물보다는 고지방 식단과 연관이 있다는 이론도 있다. 이 이론을 뒷받침하는 연구가 스코틀랜드에서 11,500명의 남성과 여성을 대상으로 시행되었다. 연구 결과에 따르면 탄수화물 섭취 비중이 가장 낮은 집단이 가장 높은 집단보다 비만이 될 확률이 네 배나 높았다.[29] 영국 리즈에서 진행한 비슷한 연구도 식단에서 지방이 차지하는 비중이 높을수록 비만율이 높아진다는 이론을 뒷받침한다.[30] 이 연구에 따르면 45% 이상의 에너지를 지방에서 충당한 고지방식 섭취 집단은 35% 미만의 에너지를 지방에서 충당한 집단보다 비만이 될 확률이 19배나 높은 것으로 나타났다. 지방보다 탄수화물을 태우는 데 더 많은 에너지가 소비되기 때문에 지방의 비중이 상대적으로 높은 식단은 체중 증가와 비만을 일으킬 수 있다. 탄수화물은 연소되고 지방은 쌓인다. 탄수화물은 포만감을 더 빨리 느끼게 하지만 지방은 식욕을 가라앉히지 못하기 때문에 포만감을 느낄 수 없어 지방을 점점 더 많이 섭취하기 쉽다.

## 언제 먹는가

비만을 유발하는 환경에서는 제대로 된 식사보다는 간식을 먹을 확률이 훨씬 높다. 안타깝게도 간식은 보통 지방 함량과 열량이 높은 반면, 사람들은 간식을 먹은 것은 쉽게 잊어버리거나 먹은 걸로 치지 않는다. 그렇기 때문에 어제 무엇을 먹었는지 물어보면 아침, 점심, 저녁 식사만 얘기하고 사이사이에 먹은 간식이나 음료는 빼놓는다. 간식은 인식하지 못하고 먹기 때문에 포만감을 느끼지 못하고 장기적으로 더 많이 먹게 된다. 과체중인 사람은 끼니를 거를 확률이 더 높고 특히 아침을 먹지 않아서 하루 종일 간식을 더 많이 먹게 된다는 증거도 있다.[31]

### 어디서 먹는가

음식을 먹는 장소도 바뀌었다. 사람들은 간식을 더 많이 먹기도 하지만 간식을 차 안에서, 책상 앞에서, 길거리에서 다른 일을 하며 먹는다. 최근 연구에서 우리는 '다른 일을 하며 먹는 것'이 어떤 영향을 미치는가를 알아보았다. 연구 결과 대학교 복도를 걸으면서 시리얼 바를 먹은 사람들이 식탁 앞에 앉아서 먹은 사람들보다 나중에 더 많이 먹는 것으로 나타났다. 다른 일을 하면서 먹으면 먹은 후에 포만감을 덜 느끼게 되어 음식을 먹을 기회가 다시 생겼을 때

계속해서 먹게 되는 것으로 보인다.[32] 그리고 자리에 앉아서 먹는 경우라도 텔레비전을 보면서 먹을 때가 많은데 이 역시 음식 섭취량을 증가시킬 수 있다.[27] 먹는 데 집중을 못하기 때문에 얼마나 먹었는지 알아차리지 못하는 것이다.

### 어떻게 먹는가

비만인 사람들이 초반에 먹는 속도가 빠르고 숟가락으로 떠 먹는 양도 더 많은 것을 보면 '어떻게 먹는가' 또한 체중 증가와 관련이 있을 수 있다.[33] 음식을 식사로 먹기보다 다른 일을 하면서 간식으로 먹고, 감정적인 섭취 비율도 높다 보니 음식에 대해 불안감을 느끼게 되기 때문인 것으로 보인다.

### 왜 먹는가

배가 고플 때 먹고 배가 부르면 그만 먹는 것이 이상적일 것이다. 하지만 위에서 얘기했듯이 우리가 음식을 먹는 이유는 훨씬 더 다양하다. 음식은 감정을 조절하고, 사회적으로 상호 작용을 하고, 정체성을 나타내는 수단으로 활용된다. 이러한 것들은 모두 심리적 요인들이다. 또한 주변 환경 때문에 언제, 어디서, 무엇을 어떻게 먹는지 뿐만 아니라 왜 먹는지도 달라졌다. 또 환경은 음식을 먹게 되는 다양한 이유를 유발하는 역할을 하기도 한다. 그러므로 배가 고파서가 아니라 음식이 있으면 무의식적으로 먹게 된다. 환경이 감정을 자극하면 우리는 감정을 다스리기 위해 먹는다. 카페에 있으면 사회적 상호 작용을 위해서 먹고, 우리 삶 속의 어떤 인물과 함께 있으면 이 사람들이 우리를 어떻게 봐줬으면 좋겠다는 생각을 표현하기 위해서 먹는다.

## 이 장을 정리하면

기본적으로 체중 증가는 필요한 것보다 더 많이 먹은 데 따른 결과이다. 이번 장에서는 심리적 요인과 함께 환경적 유발 기제들을 중심으로 우리가 과식을 하는 이유를 살펴보았다. 때때로 우리를 둘러싸고 있는 과식을 유발하는 환경들 때문에 심리적 요인들의 중요도가 바뀐다는 사실도 알 수 있었다. 그리고 이 모든 것이 체중 증가로 이어질 수 있다.

# 04

# 왜 우리는 충분히 활동하지 않는가?

에너지 섭취와 소비 방정식에서는 신체 활동의 중요성 또한 강조한다. 실제로 한 연구에서 유럽 8개 도시의 정상 체중 성인 3,000여 명을 대상으로 체중과 거주지 층수의 상관 관계를 살펴보았다.[34] 그 결과 남성의 경우 높은 층에 살면 체질량 지수가 낮았다. 연구의 결론은 매일 계단을 오르면 몸무게가 줄어들 수 있으므로 계단 오르기를 권장해야 한다는 것이었다. 영국 보건부는 성인의 경우 일주일에 5일 이상 적어도 30분간 운동을 하도록 권장하고 있다. 하지만 많은 사람들이 거의 몸을 움직이지 않고 생활하며, 운동을 하려는 노력도 하지 않는다. 사람들이 왜 운동을 하는지 또는 하지 않는지도 심리적 요인과 환경적 유발 기제와 관련해서 이해할 수 있다.

## 운동과 관련된 심리적 요인

일상에서 운동을 하고 신체를 활발히 움직이면 많은 결과가 따라온다. 예를 들어, 더 활동적이면 확실히 더 활기찬 기분이 든다. 또 암, 당뇨병, 비만, 심장 마비, 뇌졸중 같은 질병의 위험이 줄어들며 기대 수명 역시 늘어난다. 게다가 운동을 하면 기분이 좋아지고 자신감과 자존감이 개선되며 우울감이나 불안감이 줄어들기 때문에, 활동적인 것이 여러 심리적 요인에도 영향을 미친다고 할 수 있다. 하지만 이러한 결과를 안다고 해서 사람들의 신체 활동이 더 늘어나는 것은 아니다. 운동을 하기로 결심하고 실제로 운동을 하는 것은 우리가 생각하는 방식과 연관되어 있기 때문이다.

## 사회적 관계 형성

사회적 관계를 형성하기 위해 사람들이 운동을 한다는 사실은 오래전부터 알려져 있다.[35] 축구, 농구, 네트볼 같은 단체 경기가 아이들 사이에서 인기 있는 이유이다. 성인이 헬스클럽에 가는 것도 이 때문이다. 댄스, 에어로빅, 스피닝 강습을 받으면서 사람들과 어울려 운동을 하기 위한 것이다. 어떤 운동이 사회적 이익을 가져오는 사회적 활동일 경우 운동을 할 확률이 높아진다. 운동의 사회적 이익을 인식하지 못하거나 이러한 것에 가치를 두지 않는 사람들은 활동적이지 않게 되고 결국 몸무게가 늘어난다.

## 사회적 기준에 따라간다

가족이나 자신이 속한 사회 집단이 전반적으로 활동적인지 여부도 운동에 영향을 미친다. 한 연구에 따르면 체중은 '전염되며' 친구들은 체중이 서로 비슷하다. 친목 집단 내에서 표준 체중이 확립되고 시간이 지날수록 구성원들이 이 표준에 더 가깝게 자신의 체중을 맞춰 간다. 같은 맥락에서 활동적인 것 또한 가정이나 친구들 사이의 내력이다. 직장을 옮긴 후 새로 사귄 친구들이 하나같이 상당히 활동적이면 자신도 더 활동적이게 된다. 마찬가지로 앉아서 케이크를 먹고 차를 마시는 사람들의 집단을 만나면 아마 그때부터 체중이 불기 시작할 것이다. 따라서 이러한 사회적 기준은 사람들이 얼마나 활동적인지에 영향을 미친다.

## 운동은 재미있다

운동을 하라고 권할 때는 대부분 운동의 이로운 점을 강조한다. 신체 활동을 꾸준히 하면 심장 건강에도 좋고, 오래 사는 데 도움이 되고, 건강한 체중을 유지할 수 있다고 말한다. 하지만 이 모든 이야기는 현재를 사느라 65세에나 겪을 심장 마비를 걱정하고 있을 수 없는 대부분의 사람들에게는 별 의미가 없다. 우리는 '앞날을 생각'하는 데에는 매우 서툴고 온 관심을 현시점에만 쏟는다. 그러므로 사람들이 운동을 하는 중요한 이유 중 두 번째는 운동이 재미있어서이다. 운동이 재미있으면 운동을 '지금' 하는 데서 발생하는 이익이 손실을 너끈히 넘어서며, 지금이 훨씬 즐

거워지기 때문에 효과가 있다. 운동을 재미있다고 생각하면 사람들은 운동을 더 하게 된다.

## 운동하면 기분도 좋아진다

운동이 우리 기분에 좋은 영향을 미친다는 강력한 증거가 있다.[36] 운동으로 단련된 사람들은 '러너스 하이'의 형태로 격렬한 운동 후에 황홀감을 느끼기도 한다. 하지만 대부분의 사람들은 야외에서 상쾌한 공기를 마시며 활동할 때 단순한 행복감, 생동감, 스트레스가 해소되는 느낌을 받는다. 일단 운동이 주는 심리적 이익을 맛보고 나면 활동적인 것이 이롭다는 생각을 하게 되고 따라서 더 활발히 움직이게 될 것이다.

## 자신감이 상승한다

자신감도 운동의 핵심 요소이다. 수영이나 농구, 축구, 테니스 같은 운동 자체에 대한 자신감만 뜻하는 것이 아니다. 지역 스포츠 센터에 다니기 위해 탈의실이 어디 있는지, 입장료를 어떻게 지불하는지, 올 때 버스를 어디서 타야 하는지 혹은 학교로 걸어가는 길은 어디인지 등을 아는 것도 자신감과 관련이 있다. 자신감을 쌓는 가장 좋은 방법은 무엇이건 몇 번 해 보고 끝내면 자축하고 또 해 보는 것이다.

## 수치심이 운동을 방해한다

운동한다는 것은 땀에 젖고 숨이 차고 얼굴이 붉어지는 것, 몸에 딱 달라붙는 재질의 운동복을 입는 것, 사람들 앞에서 육신을 비틀거리는 것, 탈의실에서 옷을 벗는 것을 모두 포함한다. 이 모든 것들로 인해, 그리고 이 모든 것을 해야 한다는 상상만으로도 사람들은 수치스러워질 수 있고, 그냥 운동을 포기한 채 집에 틀어박혀 버릴 수 있다.

## 운동의 손실 비용 인식

그야말로 우리는 지금 이 순간을 살고 있기에, 운동을 할지 말지 결정하는 순간에 운동으로 인한 이익이 손실보다 커야 한다. 하지만 운동을 가로 막는 손실이 너무 많다. 사람들은 이렇게 말할 것이다. "시간을 많이 뺏겨.", "지루해.", "바빠.", "땀 흘리는 게 싫어.", "옷 갈아입기 성가셔.", "체력이 별로 좋지 않아 창피해.", "헬스클럽은 비싸." 이 모든 손실을 감수하지 않아도 된다면 운동할 확률은 더 늘어날 것이다.

## 습관으로 만들기

과거에 어떻게 행동해 왔는지를 보면 앞으로 어떻게 행동할지를 가장 잘 알 수 있다. 앞서 언급했던 모든 믿음이 생기면 신체 활동이 늘어날 가능성은 높아질 것이고 일단 더 활발히 움직이기 시작하면 깨기 점점 힘들어지는 습관이 형성될 것이다.

## 건강에 가치 두기

대부분의 사람들에게 운동이 건강에 좋다는 사실이 강력한 동기 부여가 되지 못하는 이유는 너무 먼 미래의 일처럼 느껴지기 때문이다. '지금' 케이크 먹기, '지금' 텔레비전

보기처럼 건강에 해로운 행동이 주는 당장의 이익은 5년 뒤, 심지어 10년 뒤의 무언가를 항상 뛰어넘는다. 그러나 건강에 어느 정도 가치를 두면 우리의 행동 방식이 영향을 받게 되어 있다. 일단 숨가쁨, 통증과 고통, 활력 부족 또는 단순히 나이 드는 느낌 등의 증상이 나타나면 많은 사람들에게 건강이 더 큰 동기 부여가 된다. 이후에는 더 활발히 움직여야겠다는 결심을 유도할 수 있다.

이 모든 요인들은 '우리 머릿속'에 있으며 우리가 살아오면서 그려 온 도식을 반영한다. 그 결과 우리가 얼마나 활동적인지에 영향을 미치고 결국 우리의 체중에 변화를 가져온다.

## 환경적 유발 기제

활동량과 운동은 주변 환경 속 유발 기제에 대한 반응이기도 하다. 같은 맥락에서 비만을 유발하는 환경에서는 과식하기 쉽고 덜 움직이게 된다. 이러한 환경적 유발 기제들로 인해 우리의 활동 수준이 다음과 같이 달라질 수 있다.

## 접근성 높이기

좀 더 활동적으로 생활하기 위해서는 녹지 공간, 보도, 자전거 도로, 계단, 헬스클럽, 스포츠 시설과 운동장이 있어야 한다. 단순히 이러한 시설에 접근할 수 있는 것만으로도 운동할 확률이 훨씬 높아진다.

헬스클럽 회원 등록 비용과 운동할 장소까지 이동하는 데 걸리는 시간, 옷을 갈아입고 샤워하는 시간 등 운동을 가로막는 장벽이 조금이라도 있으면 사람들은 신체 활동을 늘리려는 노력을 단념해 버린다. 높은 가격, 접근하기 힘든 시설과 바쁜 생활은 활동성 증가에 걸림돌이 된다.

## 일상생활의 일부로 만든다

활동은 '내 삶의 일부'이다. 그러므로 아이들이 텔레비전이나 컴퓨터 앞에 앉아 있기보다 걸어서 등교하고, 정원에서 놀고, 나무를 오르고, 자전거를 타고 친구 집에 가거나 집에서 활동적인 놀이를 하면, 자기도 모르는 사이에 운동을 하게 되고 굳이 애쓰지 않고도 건강을 유지할 수 있다. 마찬가지로 성인도 걸어서 출근하거나 적어도 대중교통을 이용하고, 엘리베이터보다 계단을 이용하고, 걸어서 에스컬레이터를 오르고, 걸어서 가게에 가고, 저녁에 산책을 하고, 집이나 직장에서 앉아 있는 시간을 최소한으로 줄이면 굳이 생각하지 않고도 운동을 하게 될 것이다. 그렇기 때문에 모두가 일상에서 더 쉽게 활발히 움직일 수 있게 해 주는 환경은 더 활동적인 생활 방식을 이끌어 낼 확률이 더 높다.

## 쉬워야 한다

기본적으로 운동은 활동적인 것의 장단점에 대한 손실 비용과 이익을 분석하고 그 결과에 따라 반응하는 것이다. 대개 사람들이 실제로 어떤 활동을 할 때는 시간, 돈, 감정과 생각이 적게 들 때이다. 각 개인의 환경이 운동을 하기 위해 노력을 많이 들여야 하는지 적게 들여야 하는지가 운동을 할지 말지에 영향을 미친다.

## 이 장을 정리하면

4장에서는 사람들이 운동하는 이유를 대략적으로 살펴보았다. 활동적이거나 그렇지 않은 이유는 식습관의 경우와 마찬가지로 심리적 요인과 주변 환경의 유발 기제와 연관이 있다. 체중 감량을 시도하려면 이 요인들에 역점을 두어야 한다.

# 05

# 진짜 다이어트의 의미, 그리고 결과물

다이어트는 여러 형태로 이루어질 수 있고 다이어트를 하는 사람에게 긍정적인 결과와 부정적인 결과를 가져올 수 있다. 5장에서는 다이어트가 무엇인지, 사람들이 언제 다이어트를 하는지에 대해 먼저 다룬 후에, 다이어트가 체중, 건강 상태, 사망률 등의 신체적 요인과 기분, 식습관, 정체성 등의 심리적 요인에 미치는 영향을 살펴볼 것이다. 비만의 내과 및 외과적 관리에서도 다이어트가 어떻게 핵심이 되는지도 알아볼 것이다.

## 다이어트란 무엇인가?

대략 1960년대부터 시중에는 새로운 다이어트가 끊임없이 등장하고 있다. 과일 다이어트, 고기 다이어트, 식사 대용 음료 다이어트 등 한 가지 종류만 먹는 다이어트법이나 탄수화물, 지방, 단백질, 설탕 등 특정 식품군을 빼고 먹는 다이어트법이 있다. 그런가 하면 식사 거르기, 열량 계산하기, 점수제, 간헐적 다이어트, 건강한 식단 따르기 등을 추천하기도 한다. 최근의 한 국제 연구에서는 사람들이 체중 조절과 유지를 위해 사용하는 다양한 방법을 살펴보고 다양한 다이어트 전략을 찾아냈다.[37] 대규모로 진행된 이 연구에서 밝혀 낸 37가지의 체중 감량 전략 중 가장 흔히 사용하는 방법은 과일과 채소 위주로 먹기, 더 신중히 식품 선택하기, 수프 먹기와 스스로 체중 재기였다. 다이어트를 시작하는 12가지 동기도 밝혀졌는데 그중 가장 보편적인 동기는 행복 지수 향상, 건강 개선, 질병 예방, 체력 증진 및 외모 개선이었다. 하지만 방법이야 어떻든 본질적으로 체중을 줄일 목적으로 평소보다 적게 먹고, 식단을 어느 정도 조절한다면 모두 다이어트에 해당한다. 다이어트가 얼마나 일반화되었는지를 알아보는 연구에서는 일반인의 약 42%가 지난 해에 체중 감량을 시도했고, 약 23%가 지난 해에 체중을 유지하려고 노력했으며, 약 70%가 체중 감량을 위해 다이어트를 해본 적이 있다고 대답했다.[37] 이제 이렇게 많은 사람들이 왜 다이어트를 하는지 그 다양한 이유에 대해 이야기하겠다.

## 왜 다이어트를 하는가?

다이어트를 하는 세 가지 중요한 이유는 다음과 같다. 첫째, 과체중일 때 체중 감량을 위해서이다. 둘째는 자신의 신체에 대한 불만 때문이다. 마지막으로는 섭식 장애를 겪는 사람들의 경우처럼 자신에 대한 통제력을 회복하기 위해서다.

### 너무 무거운 체중을 줄이기 위한 다이어트

과체중이거나 비만인 사람들은 체중 감량을 목적으로 다

이어트를 한다. 어떤 사람들은 의사의 추천이나 스스로의 결정으로 정식 체중 조절 단체에 가입한다. 하지만 많은 사람들이 다이어트 서적, 인터넷, 어플리케이션, 혹은 자조 모임(공통의 문제를 가진 사람들이 모여 공통의 목적을 위하여 자발적인 비전문적 활동을 함으로 집단 성원 개개인이 도움을 얻는 모임—옮긴이 주)의 지침을 따라 스스로 제한 범위를 설정한다. 다이어트는 또한 비만의 내과 및 외과적 관리의 핵심 부분이기도 하다.

다이어트만으로는 효과가 없을 때, 과체중이거나 비만인 사람들은 약물 치료에 의지할 수 있다. 1998년 허슈Hirsch가 이야기했듯이 "비만인 사람들 중에 평생 날씬하고 건강해질 수 있는 특효약을 발견하면 기뻐하지 않을 사람이 어디 있겠는가?"[38] 의사들은 오랫동안 체중 감량제 사용을 권하고 암페타민을 처방했는데, 암페타민은 중독성이 있어 지금은 사용이 금지되었다. 현재 영국에서는 체질량 지수 30 이상인 환자들만 합법적으로 약물 치료를 받을 수 있으며, 정부 기관은 비만 치료제 사용에 점점 엄격해지고 있다.

식이 요법 및 운동 프로그램과 함께 제안하는 비만 치료제는 크게 두 그룹으로 나뉜다. 첫째는 식욕을 억제하는 약물로 그 효과가 어느 정도 입증되었지만 매스꺼움, 구강 건조, 변비 등의 부작용을 동반할 수 있다. 최근 이 부류의 약품은 심장 마비와 우울증 위험 때문에 시중에서 모두 사라졌다. 두 번째는 지방 흡수율을 낮추는 약물이다. 오르리스타트가 여기에 속하는데 이러한 약물은 비만 환자의 체중을 감소시킬 수 있다. 하지만 묽은 변을 보거나, 갑자기 화장실을 급하게 가고 싶거나, 속옷에 변을 지리는 등의 불쾌한 합병증을 다양하게 동반한다. 지방이 혈류에 유입되지 못하기 때문에 이러한 합병증은 특히 고지방 식사 후 명백히 나타난다. 현재 의사의 처방이 필요한 오르리스타트에 비해 용량이 적지만 효과가 비슷한 일반 의약품이 나와 있다. 우리는 오르리스타트의 효과에 관한 연구를 진행했다. 그 결과에 따르면 이 약이 효과를 거두는 이유는 비만인 사람들이 자신의 체중이 생물학적 구조 때문이 아닌, 자신이 먹은 것에 따른 결과임을 깨닫게 하기 때문이었다. 자신의 식단에 포함된 지방이 그렇게 불쾌한 방식으로 배출되는 것을 단순히 보는 것만으로도 섭취한 지방과 몸에 쌓이는 지방을 연결 짓는 데 도움이 되기 때문이다. 그렇게 되면 사람들은 자신의 식단을 바꾼다.[39,40] 따라서 체중에 대한 이러한 의학적 접근은 다이어트를 병행할 경우에 한해 효과가 있다. 그러나 안타깝게도 일부 사람들은 고지방 식사 후 이러한 불쾌한 결과를 보고 나면 식단을 조절하는 대신 약 복용을 중단하기도 한다.

많은 사람들이 수술 요법에 의지하기도 한다. 영국, 미국, 대부분의 유럽 국가에서 체질량 지수가 40 이상이거나, 당뇨나 고혈압 등 다른 질병이 있으면서 체질량 지수가 35 이상일 때 수술이 가능하다. 비만 관련 시술은 21가지가 있으나 가장 인기 있는 두 가지는 루앵 YRoux en Y 연결술과 위 밴드 삽입술이다. 체중 감량 목적의 수술이 체중 감량과 유지에 모두 효과가 있으며 심장병 위험을 낮추고 당뇨병을 치료할 수 있다는 연구 결과가 있다.[41,42] 하지만 일부는 수술 후에 기대만큼 체중이 줄지 않거나 다시 늘어나기 때문에 마냥 반가운 소식만은 아니다.[43] 또한 너무 단기간에 체중이 감소하고 영양실조에 걸릴 수도 있다. 게다가 감당하기 어려울 만큼 피부가 처지기도 해서 추가로 성형 수술을 받아야 하는 경우도 더러 있다. 나는 비만 수술 후 수술이 미친 심리적 영향에 대해 연구했다. 제대로 된

체중 감량법이라면 누구나 예상하는 바와 같이 체중 감량으로 자존감과 자신감이 모두 향상되는 것을 알 수 있었다. 하지만 이뿐만 아니라 수술 후 공복감을 덜 느끼고 음식에 대한 집착이 줄었으며, 식습관에 대한 통제력이 강화되기도 했다. 나는 이것을 '통제력의 역설'이라고 부른다. 음식에 대한 통제권을 아예 빼앗아 버림으로써 오히려 사람들이 더 통제력을 갖게 된다고 느끼기 때문이다.[44] 하지만 수술 후에도 어느 정도 다이어트를 병행해야 하며 장기적으로 체중을 유지하려면 수술로 설정된 한계에만 의존하는 대신 스스로 음식 섭취를 통제해야 한다.

### 더 만족스러운 외모를 만들기 위한 다이어트

건강 상태를 개선하기 위해 다이어트를 많이들 하지만 다이어트의 더 직접적인 목표는 보통 신체 만족도를 높이는 것이다. 신체에 불만을 가진 사람 중에는 과체중인 사람도 더러 있지만 대개는 과체중이 아니면서 자기 외모에 비판적인 경우가 많다. 신체 불만은 다이어트 행위의 핵심적인 동인이 되기는 하지만 항상 건강에 도움이 되는 것은 아니다.

## 신체 불만이란 무엇인가?

'신체 불만'은 세 가지 개념으로 정리할 수 있다. 첫째, 자신이 인식하는 신체 사이즈와 실제 신체 사이즈 사이의 불일치다. 이는 자신이 생각하는 신체 사이즈에 비해 실제 사이즈가 어떤지를 판단할 수 있는 왜곡 거울이나 조명 시스템을 이용해서 파악할 수 있다. 둘째, 자신이 생각하는 이상적인 신체 사이즈와 비교했을 때 자신의 신체 사이즈를 어떻게 인식하는지의 차이로 측정할 수 있다. 셋째, 자신의 허벅지가 너무 가늘다거나 가슴이 너무 작다고 생각하는 등 자신의 신체 사이즈와 체형에 대한 단순한 불만일 수도 있다.[45] 그렇다면 어떤 사람들이 신체에 대한 불만을 갖는가?

## 신체 불만의 일반화

일반적으로 여성이 남성보다 자신의 신체에 대해 더 불만을 느낀다. 여성들은 가슴은 더 크고, 다리, 배, 허리, 허벅지, 엉덩이와 전체적인 체형은 더 작은 것을 선호한다. 하지만 남성도 신체에 불만을 갖는다. 연구에 따르면 남성은 주로 성기의 크기, 체중, 신장에 대해 걱정하며 외모에 대한 자존감은 체중, 근육질, 신장, 성기의 크기와 연관이 있다. 또한 일반적으로 남성은 팔, 가슴, 어깨는 더 크고 배와 전체적인 체구는 더 작은 것을 선호한다. 섭식 장애가 있거나 체중 문제가 있는 사람이 신체에 불만을 느끼지만 체형과 체구에 관계없이 모든 사람들 사이에서 신체 불만이 점점 일반화되는 것은 분명하다.[45]

### 신체 불만의 원인

'신체 불만의 원인'은 다양하지만 가장 유력한 것은 미디어와 가정 환경이다. 미디어에서 묘사하는 '이상적인 몸매'에 대한 반응으로 신체에 불만이 생긴다는 것이 학계뿐 아니라 일반인들 사이에서도 가장 보편적인 생각이다. 잡지, 신문, 텔레비전, 영화, 심지어 소설에서조차 여성에게는 대부분 마른 여성의 이미지를, 남성에게는 근육질 남성의 이미지를 내세워 구매욕을 불러일으키려 한다. 종종 이러한 이미지의 모델이 음식이나 의복처럼 신체 사이즈와 관련된 물품을 광고할 때도 있지만, 진공 청소기나 벽지와 같이 중립적인 물품을 광고할 때도 많다. 연구에 따르면 타인과 자신을 비교하는 사회 비교와 정신적, 심리적으로 마음 깊이 새기는 내면화의 과정을 거치면서 일반 사람들은 이상적인 이미지를 수용하고 자신의 외모에 대해 비판적 태도를 갖게 된다. 실제로, 한 연구 결과에 따르면 실험에서 그런 이미지에 짧게라도 노출된 후 특히 여성들이 자신의 외모에 대해 더 부정적으로 느끼기도 했다.[46,47]

가정 환경이 신체 불만에 미치는 영향을 조사한 연구에서 어머니 자신의 신체 불만이 모녀 간 관계뿐 아니라 딸의 신체 불만에도 중요한 영향을 미치는 것으로 나타났다. 특히 자신의 신체에 불만이 있는 어머니는 이것을 딸에게 전달하고 그 결과 딸의 신체 불만으로 이어진다는 사실이 여러 연구에서 나타났다.[48] 더구나 어머니가 딸의 외모에 비판적이고 모녀 관계가 지나치게 얽혀 있거나 딸의 자율성을 제한하는 경우, 딸이 신체 불만을 갖기 쉽다. 남성의 경우 신체 불만이 전달된다는 연구 결과는 더 적지만 비슷한 패턴이 나타날 수 있다. 즉, 아버지가 자신이나 아들의 외모에 비판적인 경우 아들도 자신의 외모에 불만을 가질 가능성이 더 높다.

## 섭식 장애의 일부분으로 나타나는 다이어트

다이어트는 섭식 장애의 핵심적인 부분이기도 하며 심각한 문제를 야기할 수 있다. 섭식 장애의 다양한 예를 살펴보면, 신경성 식욕 부진증(거식증, 과도한 체중 감량), 신경성 식욕 항진증(폭식증, 폭식과 제거 행위), 대식증(제거 행위를 동반하지 않은 폭식), 건강식품 강박증(건강식품에 대한 과도한 집착), 그 외에 다른 질병의 기준에 해당하지 않는 여러 형태의 섭식 장애를 통칭하는 상세 불명의 섭식 장애 등이 있다.[49] 이중 거식증과 폭식증이 가장 잘 알려져 있고 가장 많은 근심 거리를 만들어 내기 때문에 집중적으로 다루기로 한다. 하지만 이 두 섭식 장애의 특징 중 상당수가 다른 형태의 섭식 장애와도 관련이 있다. 그래서 섭식 장애가 무엇인지 그리고 섭식 장애 발생 과정에서 많은 요인들이 어떤 작용을 하는지에 관한 연구가 진행되었다.

### 섭식 장애란 무엇인가?

서양에서 미성년과 성인 여성의 1%가 겪고 있는 거식증은 1960년대부터 1990년대 사이에 크게 증가했지만 최근에는 안정세를 보이고 있다. 거식증은 크게 두 가지 유형으로 나뉜다. 음식을 제한하지만 폭식이나 제거 행위를 보이지 않는 제한형 거식증과 음식 제한과 더불어 폭식이나 자발적 구토, 완하제·이뇨제·관장제 남용을 통한 제거 행위를 포함하는 폭식·제거형 거식증이 있다. 폭식증 환자의 수는 거식증의 약 두 배에 달한다. 하지만 겉보기에 정상적인 생활을 유지할 수 있을 만큼 훨씬 더 개인적인 질환이기 때문에, 실제 환자가 다수임에도 불구하고 건강 전문가를 찾는 환자가 많지 않다. 폭식증 환자의 체중은 보통 정상 범위에 들며 과식과 제거 행위의 과정을 통해 정상 체중을 유지한다. 섭식 장애는 건강상 심각한 결과를 초래한다. 거식증은 다른 모든 정신 질환보다 영양실조로 인한 사망률이 높고 심혈관 및 신경계 질환, 우울증, 불안 등의 문제와 관련이 있다. 반면 폭식증은 자살, 중독, 소화 문제와 연관이 있다. 거식증과 폭식증을 비롯한 모든 섭식 장애 환자는 체중 조절을 위해 음식 섭취를 제한하므로 식이 요법이 환자 행동의 핵심을 이룬다.

### 섭식 장애의 원인

섭식 장애의 경우 유전적 영향이 명백하지 않고, 환자들의 가족력이 전혀 없는 경우가 많다. 하지만 일부 연구에서는 유전적 영향을 강조한다. 가족 역학(가족 구성원 간의 심리적 상호 작용—옮긴이 주)을 강조하는 연구에서는 가족 간의 관계, 불분명한 경계, 어머니의 핵심적 역할을 강조한다. 뿐만 아니라 섭식 장애 증상을 의사소통의 한 형태라고 하는 일부 이론도 존재한다. 이 이론에 따르면 섭식 장애 환자는 뭔가 잘못되었다는 것을 알리기 위한 수단으로 체중 감소, 굶주림, 극도의 음식 기피를 이용한다고 한다. 또 다른 이론에서는 잘못된 생각, 통제력 및 완벽주의가 문제라고 강조하며 사람들이 흑백 논리에 갇혀 체중을 통제할 수 없으면 아무것도 통제할 수 없다는 믿음을 가졌다고 한다.

하지만 섭식 장애에 관한 가장 일반적인 가설은 섭식 장애가 신체 불만의 산물이며 다이어트 행동을 촉발시키는 미디어가 그 원인이라는 것이다. 또한 다이어트로 체중을 감량하면 "너 살 빠졌구나."와 같은 다른 사람들의 반응이나, 내가 뭔가를 해냈다는 힘과 통제력이 생긴 기분 때문에 체중 감량의 강도가 높아지고 결국 멈추기 어려워진다고 한다.[50] 섭식 장애 환자는 대부분 자신의 신체에 만족하지 못하고 과거에 다이어트 경험이 있다. 이것이 시사하는 바에 따르면 이 두 요인은 분명 섭식 장애와 관련이 있다. 그러나 신체 불만으로 인해 다이어트를 한 사람들 대다수가 섭식 장애를 일으키지는 않는다는 증거도 있다. 그러므로 섭식 장애는 분명 다이어트와 연관이 있다. 다시 말해 음식 섭취 제한은 섭식 장애에 핵심적인 영향을 미치며 때로는 섭식 장애의 발생 원인이 될 수도 있다. 그 외에도 섭식 장애를 일으킬 수 있는 요인은 아주 많고 다이어트는 이 가운데 하나일 뿐이다.

결과적으로 사람들은 많은 이유로 다이어트를 한다. 또한 다이어트에 접근하는 이 모든 방식이 신체 및 심리 건강과 행복 지수에 영향을 미친다.

## 다이어트가 우리 건강에 미치는 영향

다이어트는 여러 방식으로 우리의 신체 건강에 변화를 가져온다.

## 체중이 줄어든다

다이어트가 효과가 있는 경우 체중은 감소할 수 있다. 다이어트를 한 사람 중 60%가 시작 후 최초 6개월간 체중이 감소한다는 결과가 그 증거다. 건강 전문가의 도움을 받아 지속적으로 후속 조치를 취한 경우 이 수치는 약 70%까지 높아진다. 최근 영국의 국립 보건 임상 연구소에서 이를 검토한 결과, 국민 의료 보험, 웨이트 워처스, 슬리밍 월드 등 체중 관리를 위한 행동 교정 서비스를 제공하는 정부나 민간 기관으로부터 최상의 행동 교정 사례 관리 서비스를 받은 사람들은 1년 후에도 체중이 평균 2.22kg 감소했다.[51] 마찬가지로, 음식 섭취와 신체 활동을 중심으로 도움을 받은 경우를 보면 1년 후 체중이 다시 증가하는 양이 대조군에 비해 평균 1.56kg 낮았다.[52] 뿐만 아니라, 국민 의료 보험에서 체중 감량 업체에 환자를 의뢰한 실험에서 3분의 2는 본인 체중의 5% 미만을 감량한 반면, 3분의 1은 최소 12주 과정을 시작한 이후에 5% 이상을 감량했다.[53] 하지만 어떤 사람은 더 감량하기도 하고 어떤 사람은 덜 감량하기도 하기 때문에 이 수치는 항상 가변적이다. 수술과 관련해서는 성과를 측정하는 척도로 과체중 감량 비율이나 체질량 지수 변화를 사용한다. 연구 결과에 따르면 수술 1년 후 평균 과체중 감량 비율이 위 밴드 삽입은 40%, 루앵 연결은 60%이다. 10년 후에는 감량 비율이 50%로 감소하고 환자의 10~20%에서 다시 뚜렷한 체중 증가를 보였다.[41,54] 행동 교정을 병행한 약물 치료의 경우 위약을 사용한 대조군에 비해 1년 후 평균 1.8kg의 체중을 더 감량하였다.[52]

## 건강 상태가 호전된다

다이어트 후에 체중 감소가 미미해 보일 수 있지만, 과체중인 경우 10%만 감량해도 심장병과 뇌졸중 위험이 크게 감소하고 2형 당뇨병이 호전되어 다시 스스로 혈당 조절을 할 수 있게 된다. 여성의 경우 유방암과 자궁 내막암 등 체중과 관련된 암의 위험을 낮출 수 있다.[55,56]

## 사망률이 낮아진다

과체중은 기대 수명 감소와 밀접한 관계가 있다. 체중 감량 후 이를 유지하는 한 기대 수명을 연장할 수 있다.

### 가벼운 증상들이 완화된다

사망률이나 심각한 질병이 아니더라도 체중을 감량함으로써 숨가쁨, 요통, 무릎 통증 등의 증상과 경증 감염에 대한 취약성이 완화됨으로써 개인의 일상적인 신체 건강도 개선할 수 있다.

### 반복된 다이어트는 건강을 해치는가?

안타깝게도 다이어트를 하는 사람들 대부분이 초기에 어렵사리 체중을 감량했다 해도 5년간 추적 조사를 해 보면 많은 경우 체중이 다시 증가한다. 일부 연구에서는 인생에서 얼마 동안 체중이 덜 나가면, 체중이 다시 불어난다 하더라도 건강에 훨씬 도움이 된다고 한다. 몇 달이건 몇 년이건 금연을 하는 동안 폐가 회복할 시간을 주는 것과 같은 이치다.[56] 하지만 다른 연구에서는 체중 변화가 큰 요요 다이어트가 오히려 건강에 해로우며 높은 체중을 안정적으로 유지하는 것보다 훨씬 더 해로울 수 있다고 말한다.[57] 체중이 감소할 때는 근육과 지방이 같이 감소한다. 반면 체중이 다시 증가할 때는 지방의 비율이 상대적으로 더 증가하기 때문에 단순히 체중만 늘어나는 것이 아니라 시간이 지날수록 더 뚱뚱해진다. 그 결과 심혈관 건강에 부정적인 영향을 미치며 지방간 질환을 증가시킬 수 있고 당뇨병 위험을 높인다. 이런 이유 때문에 체중 감량을 주저한다면 애석한 일이겠지만, 다이어트에 실패할 경우 부정적 측면이 있는 것만큼은 분명히 알 수 있다.

## 다이어트는 우리의 심리를 어떻게 바꾸는가?

다이어트는 심리적으로도 다양한 영향을 미친다. 이 경우에도 역시 다이어트가 체중 감량으로 이어졌는지, 그리고 감량한 체중이 유지되었는지 여부에 의해 좌우된다.

## 기분은 좋아지고, 자신감은 상승한다

체중 감량으로 기분이 개선되고 불안과 우울감이 줄어들 수 있다. 물론 자신의 새로워진 신체 사이즈를 내면화해야 하므로 때로는 시간이 걸릴 수도 있고 새로운 체형을 받아들이기까지 너무 큰 옷을 구입하는 경우도 있다. 그러나 체중을 감량한 사람들은 자신감이 높아지고 신체 이미지가 개선되었다고 말한다. 하지만 체중이 다시 늘면 패배감과 실망감 때문에 전보다 기분이 더 안 좋아져서 체중 감량을 통해 개선된 사항들이 지속되지 않는다.

## 변화하는 정체성

다이어트에 성공하면 '다시 태어난' 기분, '두 번째 기회'를 얻은 기분, '새로운 사람'이 된 기분, '해방된' 기분이 든다고 말한다. 이렇듯 정체성이 변하면 직업을 바꾸거나 새로운 관계를 맺고, 인생을 마음껏 즐기겠다는 결심을 하게 된다. 때로는 체중 감량 전도사가 되거나 자신이 직접 다이어트 업체를 차리기도 하고, 운동과 건강한 식생활에 열정을 보이기도 한다. 흥미로운 점은 이렇듯 정체성의 변화를 겪은 사람들은 성공하기 위해 정성을 더 쏟았기 때문에 장기적으로 감량한 체중을 유지할 확률이 더 높다는 것이다.

## 음식에 집착할 수도 있다

본질적으로 다이어트는 먹고 싶은 음식을 먹지 않는 것과 관련이 있다. 전체 식품군을 피하든 열량을 낮추어 먹든 단순히 더 적게 먹든, 항상 어느 정도의 절제를 해야 하는 것이다. 그 결과 다이어트를 하는 많은 사람들은 먹지 않으려고 노력 중인 바로 그 자체에 대한, 즉 음식에 대한 집착이 생긴다. 웨그너Wegner가 이야기한 '정신 통제의 모순적 과정에 대한 이론'과 유사하다. 자신의 초기 연구를 위해 웨그너는 집단을 나누어 흰곰에 대해 생각하라고 하거나 흰곰에 대해 생각하지 '말라고' 한 후 흰곰이 생각나면 벨을 울리게 했다. 예상대로 흰곰에 대해 생각하지 말라고 한 집단에서 벨을 더 많이 울렸다.[58] 어떤 것에 대해 생각하지 않으려고 하면 그것에 대해 더 생각하게 되는 이른바 역설적 효과가 바로 다이어트를 할 때 많은 사람들이 겪는 현상이다. 음식에 집착이 생기면 대다수 사람들은 비정상적으로 많은 시간 동안 음식에 대해 생각한다. 일부 사람들의 경우 이러한 집착이 좀 더 병리학적 양상을 보일 수 있으며 거식증이나 폭식증 같은 섭식 장애를 초래할 수 있다.

## '무슨 상관이람' 효과

다이어트를 해서 더 적게 먹고 체중이 감소하는 경우도 있다. 하지만 적게 먹으려는 노력이 더 먹는 결과를 낳는 경우가 많다. 피했던 음식의 유형과 양만큼 보충해서 먹는 보상적 과식의 양상을 보이는 것이다. 하지만 때로는 다이어트가 폭식으로 이어질 수도 있다. 이러한 현상을 가리켜 '무슨 상관이람' 효과'what the hell' effect라고 한다. 금지된 음식을 먹거나, 우울해서 기운을 차리기 위해 과식을 하거나, 방심해서 술을 마시고 난 후처럼 다이어트 원칙이 깨졌다고 느낄 때 나타난다.[59] 그렇게 과식을 하고 나면 자신에 대해 부정적인 감정이 들 수 있으며 결국 자존감이 낮아지고 자책감이 든다. 또한 우리는 감정을 다스리기 위해 음식을 이용하기 때문에 과식을 더 하게 될 수 있다.

## 이 장을 정리하면

다이어트는 체중 감량을 목적으로 더 적게 먹으려고 노력하는 것과 관련이 있다. 과체중이나 비만, 신체 불만, 심지어는 섭식 장애에 대한 반응으로 다이어트를 시도할 수도 있다. 다이어트는 신체 및 심리 건강에 영향을 미친다. 따라서 다이어트가 효과가 있을 경우 심장병, 당뇨병 등 질병에 대한 위험이 감소하고 숨가쁨과 관절 통증 등의 증상이 완화된다. 또한 기분과 신체 만족도가 향상되는 경험을 할 수도 있다. 다이어트 후 체중이 감소하더라도 종종 다시 증가할 수 있는데 이런 경우 과체중을 유지하는 것보다 건강에 더 해로울 수 있다. 다이어트는 음식에 대한 집착이나 과식을 유발할 수도 있다. 때문에 '왜 다이어트에 실패하는가?' 그리고 '언제 다이어트가 성공하는가?' 하는 의문이 생긴다. 다음 두 장에서 이 질문을 다루기로 한다.

# 06

# 왜 다이어트에 실패하는가?

식습관을 바꾸려면 덜 먹고 몸을 더 움직이도록 우리의 생각을 바꾸고 주변 환경을 관리해야 한다. 하지만 먹는 것은 습관이고 습관은 바꾸기 힘들기 때문에 다이어트는 많은 경우 실패한다. 6장에서는 습관이 어떻게 형성되는지, 왜 식습관이 그토록 바꾸기 어려운지에 대해 알아보고 감정적 유발 기제인 우리의 생각, 그리고 물리적 유발 기제나 사회적 압력 등 환경적 요인과 관련 지어 다이어트에 실패하는 이유를 찾아본다.

## 식습관은 어떻게 형성되는가?

습관은 아주 단순한 네 가지 과정인 모델링, 반복, 강화, 연상을 거쳐 형성된다. 보통 우리가 어떤 행동을 실제로 하는 이유는 다른 사람들이 그 행동을 하는 것을 보았기 때문이다. 어떤 행동을 여러 번 반복하면 패턴이 된다. 그 후 우리가 그 행동을 좋아하게 되었거나 다른 사람이 우리가 그런 행동을 하는 것을 좋아한다거나 그 행동으로 우리의 기분이 좋아진다거나 하는 긍정적인 요인들로 강화되면 그 행동은 습관으로 굳어진다. 이는 '나쁜 습관'에도 해당이 되는데 나쁜 습관도 어느 정도 기분을 좋게 해 주기 때문이다. 어떤 습관이 우리의 기분이나 주변 환경 속의 무언가와 연결되면 강력한 습관이 된다.[60,61] 아침을 예로 들어 보자. 많은 사람들이 "너무 피곤해." 혹은 "아침을 먹으면 속이 안 좋아.", "아침에는 잘 안 먹혀."라고 말하며 아침 먹기를 싫어한다. 먹지 않는 것이 정상적인 행동이고 일어나자마자 먹는 것이 이상하게 느껴지기 때문이다. 그렇지만 자신의 눈앞에서 누군가 아침을 먹고, 어떤 요인 때문에 두어 주 동안 매일 아침을 먹게 되면 이내 새로운 패턴이 자리

잡는다(반복). 정신이 더 맑아지는 느낌이 좋아서 매일 몇 분을 할애해 조용히 앉아 아침을 먹는다(강화). 그리고 이 새로운 행동은 냉장고를 쳐다보거나 다른 누군가가 풍기는 토스트 냄새를 맡거나 단순히 잠자리에서 일어나는 것만으로도 촉발될 것이다(연상). 이렇게 되면 새로운 정상적인 행동이 확립되었기 때문에 아침을 '안' 먹는 것이 이상하게 느껴질 것이다.

이러한 습관은 아주 어릴 적부터 형성되고, 일상생활뿐 아니라 우리가 스스로에 대해 이야기할 때 역시 고착되어 나타난다. 따라서 별생각 없이 습관대로 하기는 쉬워도 이 습관을 바꾸려면 엄청난 노력이 필요하다.

## 왜 습관은 바꾸기가 어려운가?

습관은 바꾸기 어렵다. 결국, 어떤 행동이든 그 순간의 이익이 손실 비용보다 더 크기 때문에 하는 것이다. 케이크를 먹으면 체중 문제가 심각해질 수 있다 하더라도, 먹는 순간에는 케이크의 맛과 질감이 주는 기쁨이 60세에 심장 마비를 일으킬 수 있다는 공포를 상쇄해 버린다. 그러므로 습관은 단순한 손익 분석의 결과라고 볼 수 있다. 우리는 대부분 미래를 생각하는 데에는 형편없기 때문에 눈앞의 이익이 항상 미래의 손실 비용보다 훨씬 앞선다. 이러한 과정은 다음과 같이 심리적 요인이나 환경 속에 있는 여러 다양한 유발 기제로 인해 촉진된다.

## 식습관을 바꾸기 어렵게 하는 심리적 요인들

여러 심리적 요인들이 식습관 바꾸기를 어렵게 만든다.

첫째는 '감정적 유발 기제'를 들 수 있다. 특정 행동이 많은 행동 유발 기제와 연결됨으로써 습관이 생겨났기 때문에 우리는 이러한 기제와 마주칠 때마다 특정 방식으로 행동하게 된다. 그 결과 습관을 깨기가 어려워진다. 일부 기제는 기분(예를 들어 지겹다든가 하는)처럼 심리적 요인과 관련이 있고 우리를 항상 따라다니기 때문에 피하거나 무시하기가 힘들다. 습관대로 행동할 때에는 생각할 필요가 없기 때문에, 자신의 행동을 제대로 인식하지 못하고, 우리가 무슨 음식을 먹을지를 어떻게 감정이 결정하고 있는지에 대해서도 생각하지 못하는 경우가 많다.

둘째는 '금단 증세'와 '걱정', '스트레스'다. 습관은 일상 생활의 일부분이다. 따라서 양치를 하지 않거나 아침을 먹지 않을 때, 모닝 커피를 마시지 않거나 오후에 비스킷을 먹지 않으면 불안해지고 약간의 스트레스를 받는다. 그리고 습관대로 행동하면 이런 달갑지 않은 기분을 피할 수 있다는 사실을 학습하게 된다. 비스킷을 먹지 않으면 이상한 기분이 들지만 비스킷 몇 조각이면 모두 해결된다. 습관이 지속되는 이유는 이를 고치려고 할 때 발생하는 문제를 습관이 해결해 주기 때문이다. 악순환이다. 이때 우리가 스트레스를 받는 이유는 행동 그 자체를 하지 않아서가 아니라 습관에 변화가 생겨서이다. 스트레스나 걱정스러운 기분은 단지 '금단 증세'에 불과하다. 우리가 백기를 들고 이 불편한 기분을 없애려고 습관에 의지하면 오히려 기분이 악화되기만 한다는 사실을 깨닫고 나면 그 습관 자체를 없앨 수 있다.

셋째로는 '머릿속 각본'을 들 수 있다. 어릴 때부터 우리는 무엇을 좋아하고 싫어하는지, 우리가 누구이고 무엇을 하는지에 대해 머릿속에서 각본을 만들어 낸다. 이 각본은 주위 사람들, 특히 부모의 영향을 많이 받으며 우리가 좋은 사람인지 나쁜 사람인지도 이 각본이 말해 준다. 예를 들어 어떤 사람들은 "난 항상 지각이야.", "난 문제야.", "난 이기적이야.", "난 절대 최선을 다하지 않아.", " 난 멍청해." 등과 같은 부정적인 각본을 머릿속에 가지고 있다. 다른 사람들은 스스로에게 "난 친절해.", "난 사려 깊어.", "난 열심히 일해.", "난 항상 끈기가 있어.", "난 똑똑해." 하고 말해 주는 보다 긍정적인 각본이 있을 것이다. 식습관의 경우를 보면 이러한 각본에 따라 우리 스스로 "내가 먹는 음식은 문제가 있어.", "먹는 것이 내 삶의 유일한 버팀목이야."라거나 "난 중독에 빠지기 쉬운 성격이야."라고 말한다면 식습관을 고치기는 매우 어려워질 것이다. 이런 각본 중 일부는 '사실'로 생각될 수 있고 사람들이 실제로 어떻게 행동하는지를 보여 줄 수도 있겠지만 이 각본 때문에 습관을 깨기가 더 어려워진다. 오래된 습관을 깬다는 것은 행동을 바꾸는 것이기도 하지만 자신을 바라보는 방식을 바꾸는 것이기도 하기 때문이다. 그리고 이것은 어려운 일이다.

넷째 '절제와 반동 효과'가 있다. 습관을 바꾸려는 행동은 대개 계속하고 싶은 무언가를 그만두려고 노력하는 것이다. 그래서 다이어트를 하는 사람들은 감자 칩을 좋아하지만 안 먹으려고 노력한다. 활발히 움직이려고 노력하는 사람들은 소파에 앉아 있고 싶어도 운동 수업을 들으러 무거운 몸을 끌고 밖으로 나간다. 이 때문에 행동을 바꾸는 일은 힘들다. 행동을 바꾸려면 항상 약간의 절제를 해야 하는데, 원하는 것을 손에 넣을 수 있는 데도 스스로 절제하는 것은 인간에게 너무도 어려운 일이기 때문이다. 게다가 이 과정에서 절제하려는 그 행동이 이전보다 훨씬 더 매력적이고 바람직하게 느껴져서 반동 효과가 생긴다. 그래서 우리가 자신에게 "오늘은 케이크를 안 먹어야지."라고 말하면 자동으로 케이크에 대해서 더 생각하게 되지 덜 생각하게 되지는 않는다. 그렇게 되면 케이크에 대해서 생각은 더 많이 하는데 먹을 수가 없기 때문에 날이 갈수록 케이크가 더 먹고 싶어진다. 결국 우리가 항복하고 케이크를 먹으면 이제는 아침보다 케이크가 더 먹고 싶을 뿐 아니라 하루 종일 케이크를 절제했기 때문에 더 많이 먹게 된다. 이러한 반동 효과는 매우 강력하다. 때문에 음식을 금지하고 스스로 절제함으로 인해 음식에 더 집착하게 되고 항복하는 순간(대부분 항복을 한다.) 역설적이게도 애초에 절제하

지 않았을 때보다 더 먹게 된다. 이것이 바로 이른바 '무슨 상관이람' 효과이다.[59]

다섯째 '정체성에 대한 도전'이다. 비만인 사람들은 비만인 상태를 싫어하고 더 홀쭉해지고 싶어 하지만, 이들의 정체성은 대개 신체 사이즈와 불가분의 관계일 수 있다. 처음 체중 감량을 시작할 때는 이러한 사실이 보상이 된다. 더 건강해진 기분이 들고 체형이 변하는 것을 볼 수 있기 때문이다. 하지만 이와 동시에 자신과 다른 사람들이 가하는 다른 사람이 되라는 압박감 때문에 정체성에 도전을 받기도 한다. 이때 일부 사람들은 더 마른 새로운 버전의 자기 자신을 위협적이라고 인식해서 스스로 다이어트를 '방해'한다. 그 결과 과식을 하고 체중이 다시 증가할 수 있다.

여섯째 '음식 선호에 대한 믿음'을 들 수 있다. 음식 선호는 태어나는 순간부터 학습된다. 다양한 음식에 노출되고, 행동 모델을 확립하고, 다른 사람들을 지켜보고, 다양한 음식을 특정 장소 및 기분과 연결시킴으로써 학습이 이루어진다. 그러므로 음식에 대한 선호는 깊이 새겨져 마치 우리 혀에 하나의 패턴으로 굳어지는 것처럼 느껴진다. 다이어트란 우리가 평소에 먹는 음식을 덜 먹는 것이기도 하지만 때로는 새로운 음식을 먹는 것 역시 관련이 있다. 따라서 좋아하거나 싫어하는 음식에 대한 우리의 믿음에 도전이 될 수 있다. 우리가 오후에 초콜릿이나 케이크를 간식으로 먹어 왔다면 다이어트는 이것을 딱 끊어 버리는 것이다. 그리고 저녁에 많은 양의 볼로네제 스파게티를 먹어 왔다면 다이어트는 적은 양을 먹는 것이다. 하지만 다이어트는 과일과 같이 초콜릿과 케이크를 대신할 수 있는 것을 찾아야 하는 것일 수도 있으며, 감자 칩을 많이 먹었다면 감자 칩 대신 밥이나 삶은 감자를 먹는 것일 수 있다. 우리가 이러한 음식을 싫어한다고 믿으면 그 식단을 따르기 힘들고 건강에 도움이 되는 새로운 식습관을 확립하기도 더 어려워질 것이다.

마지막으로 '교차 중독'이 있다. 많은 사람들이 자신의 감정을 다스리기 위해 음식을 이용하기 때문에 다이어트를 할 때는 음식 대신 의지가 되는 대안을 찾아야 한다. 운동, 친구와 대화, 영화 관람, 독서가 이상적인 방법일 것이다. 하지만 보다 실질적인 대안이 필요한 일부 사람들은 교차 중독(한 가지 물질이나 행동에 중독되었을 때 다른 중독으로 대치·전이되거나 다른 중독을 동반함—옮긴이 주)에 빠질 수 있다.

비만 수술의 영향에 대한 연구에 따르면 수술 후 환자들이 흡연, 음주, 쇼핑, 섹스 등 다양한 중독에 빠진다. 이중 일부는 체중 감량에 제법 유용할 수도 있지만 술은 많은 양의 숨겨진 열량을 함유하고 있고 다이어트 노력을 약화시킬 수 있으며 체중이 다시 증가하는 원인이 될 수 있다. 또한 사람들이 통제력을 잃고 과식을 하게 되면 '무슨 상관이람' 효과를 초래할 수도 있다.

그러므로 식습관은 여러 심리적 요인들 때문에 바꾸기가 어렵다. 주변 환경 속 유발 기제들 또한 식습관 변화에 장애가 된다.

## 주변 환경 역시 더 먹게 한다

우리를 둘러싸고 있는 환경은 다양한 측면에서 먹는 것과 연관되어 있기 때문에 더 적게 먹으려고 노력해도 먹을 수 밖에 없도록 자극받을 수 있다.

### 물리적 유발 기제

우리를 더 많이 먹게 만드는 '물리적 유발 기제'는 비스킷

통, 냉장고, 슈퍼마켓에 정성스럽게 진열된 간식거리나 사내 휴게실에 비치된 케이크와 같은 환경적 유발 기제들을 들 수 있다. 보는 것만으로도 무의식적으로 이들을 사거나 먹게 된다. 감정적 유발 기제와 마찬가지로 물리적 기제로 인한 습관적 행동 또한 대부분 생각을 거치지 않고 행해진다. 과식을 하고 오후에 마시는 차와 곁들여 비스킷을 먹는 사람들은 그래야만 정상적인 기분이 들고 그렇게 하지 않으면 왠지 불편하기 때문에 그렇게 하는 것이다. 하지만 감정적 유발 기제와는 달리 물리적 유발 기제들은 우리가 일과를 조금 바꾸거나 환경에 변화를 주면 피할 수 있다.

### 사회적 압력

우리의 행동은 다른 사람들과 복잡하게 연결되어 있고, 주변 사람과의 관계 형성에 중요한 영향을 미치는 경우가 많다. 직장에는 오후에 함께 케이크를 먹는 친구가 있고, 특별한 선물로 초콜릿 사 주는 것을 좋아하는 남편이 있다. 또 즐겁게 데리고 나가 아이스크림을 사 먹이는 자식들이 있다. 우리가 행동을 바꾸려고 하면 우리 삶 속에 있는 이러한 사람들이 반기를 들며 우리에게 지금까지 해 오던 대로 행동하도록 압력을 가할 것이다. 초콜릿을 먹지 않으면 남편이 상처받을 것이다. 케이크를 혼자 먹게 된 친구는 외로워질 것이며, 우리는 수다를 떨 기회를 놓칠 게 된다. 아이스크림 역시 전처럼 특별하게 여겨지지 않을 것이다. 사람들은 우리가 항상 하던 대로 행동하기를 바란다. 그래야 안심이 되기 때문이다. 우리가 변하면 다른 사람들은 자신도 변해야 한다는 느낌을 받고 불안해진다. 그렇기 때문에 누구라도 습관을 깨려고 하면 그때마다 현상을 유지하기 위해 사회적 압력이 높아진다. 내가 기억하는 한 여성은 나의 연구에 참여해 체중을 줄이려 했다. 다소 심술궂은 그녀의 남편은 아내가 살 빼기를 원했고, 잠자리에 들 때마다 아내에게 "코끼리 납시오."라고 말하곤 했다. 그 여성은 다이어트를 했고 정말 잘 해냈다. 그러자 남편은 아내에게 초콜릿을 사 주기 시작했다. 내 기억에 그 여성은 남편을 떠난 것 같다.

## 이 장을 정리하면

습관은 모델링, 반복, 강화, 연상의 산물이며 보통 아주 오랜 시간에 걸쳐 굳어지기 때문에 바꾸기 어렵다. 습관은 단순한 손익 분석의 결과이며 그 행동을 하는 시점에 즉각적으로 발생하는 이익이 장기적인 손실 비용을 항상 압도한다. 즉 사람들이 이러한 습관을 바꿀 수 없기 때문에 다이어트는 자주 실패한다. 또한, 감정적 유발 기제, 절제, 금단증상, 무의식적 섭취를 유발하는 환경적 유발 기제, 우리가 평소대로 행동하기를 원하는 다른 사람들로 인한 사회적 압력 등 여러 요인 때문에 식습관을 바꾸기가 더 어려워진다. 하지만 다이어트가 효과가 있을 때도 있다! 이에 대해서는 다음 장에서 다루기로 한다.

# 07

# 누가 다이어트에 성공하는가?

다이어트가 힘들기는 하지만 성공하는 사람들도 분명히 있다. 왜 어떤 사람들은 체중 감량과 유지에 성공하는지 세 가지 방식으로 접근해 분석했다. 첫째, 질적 연구법을 이용하여 다이어트에 성공한 사람들의 사례를 찾아보고 어떻게 체중을 감량하고 유지하는지 알아보았다. 둘째, 양적 연구법을 이용하여 다이어트에 성공한 사람과 그렇지 못한 사람들을 비교했다. 마지막으로, 장기적으로 체중 감량을 유지할 수 있는 요인을 예측하기 위해 대규모의 연구 자료를 수집했다. 7장에서는 이 세 가지 방법을 통해 얻은 연구 결과를 살펴본 후 이를 종합하여 성공적인 다이어트의 토대가 되는 공통 주제를 찾아낼 것이다.

## 접근법 1: 성공 사례 수집

지난 몇 년간 수행한 일련의 질적 연구에서 연구자들은 심층 면접을 통해 체중을 감량한 후 유지하는 사람들의 이야기를 들어 보았다. 이 이야기를 통해 다이어트 성공과 관련된 여러 요인을 유형별로 파악할 수 있다.[39, 62-66]

### 일상에서 경험한 사건

사람들은 살면서 어떠한 사건을 경험한 후에 성공적으로 체중을 감량하고 유지하는 것으로 보인다. 이러한 생활 사건을 표현하는 방식은 다양했다. 깨달음을 얻다, 개안, 바닥을 치다, 삶의 분기점이라고 표현하기도 하고, 단순히 정상적인 삶의 패턴이 허물어져 습관에서 벗어나기 쉬운 시기라고도 했다. 어떤 사람들에게 이 사건은 관계가 깨지는 것일 수도 있고, 직업이 바뀌거나 이사하는 것, 의미 있는 생일을 맞을 때처럼 특별히 중요한 시점에 다다르는 것, 혹은 단순히 휴가를 떠나는 것일 수도 있다. 예를 들어 한 여성은 결혼 생활이 파경을 맞은 뒤 어떻게 체중을 감량할 수 있는 기회가 생겼는지 이야기했다.

> 그저 내 삶을 찬찬히 들여다볼 수밖에 없었어요. …결혼은 깨졌지만 자식 둘을 키워야 했으니까. …내면에 있는 무엇인가가 제 자신을 추슬러야 한다고 말했어요. 살을 빼는 것은 내가 해낸 것 중에 가장 힘들고 가장 대단한 일인 것 같아요.
>
> - 재키

어떤 사람들에게는 이런 생활 속에서 발생하는 사건이 계단을 오를 때 숨이 차거나 질병을 진단받는 것일 수 있다. 한 남성은 심각한 건강상 위기 경험에 대해 설명했다.

> 새로운 인생이 주어진 것 같았어요. …죽는다고 생각했는데 제가 혼수상태에서 깨어났을 때… 살면서 처음으로 정말 진심으로 살을 빼고 싶었습니다.…
>
> - 탠버

결론적으로 구체적인 사건들이 벌어졌을 때 식습관을 바꾸고 체중을 감량하기가 더 쉬워지는 것으로 보인다. 이것이 가능한 이유는 일상에서 경험하는 사건이 우리 삶의 패턴을 뒤흔들 수 있기 때문이다. 이에 더해 더 나은 방향으로, 더 건강한 방향으로 우리 스스로를 재창조하고 새롭게 정의할 수 있는 기회 역시 제공한다.

하지만 이러한 사건이 벌어지는 것 자체만이 아니라 사건을 계기로 우리가 어떻게 삶을 돌아보게 되는지 또한 중요하다. 예를 들면, 연구에 참가했던 매튜는 심장 마비를 겪은 후에 이렇게 말했다.

> 내가 죽을 것을 아는 단계까지 갔고, 그때가 전환점이 되었어요. 무슨 수를 쓰지 않으면 죽을 거라는 것을 알았죠. 그 후에 본격적으로 노력했고 증세가 호전됐어요.

하지만 이때는 매튜가 37세에 네 번째 심장 마비를 겪었을 때였다. 첫 번째, 두 번째, 세 번째 심장 마비는 이와 같은 효과를 내지 못했다. 다른 요인들도 동반되어야 했던 것이다. 이 요인들에 대해 생각해 보겠다.

## 행동이 다이어트를 방해한다

과체중인 사람들은 "집안 내력이다.", "신진대사가 느리다.", "태어나기를 이렇게 태어났다.", "호르몬이 문제다.", "당뇨병 때문에 과체중이 되었다."라고 하면서 자신의 체중 문제는 생물학적 원인 때문이라고 많이들 믿는다. 몸무게가 생물학적 원인이나 우리 능력 밖의 것에 어느 정도 영향을 받는다는 증거가 일부 있지만 이런 식의 사고방식은 행동을 바꾸는 데 도움이 안 된다. 우리가 할 수 있는 일이 아무것도 없다고 믿게 만들기 때문이다. 예를 들어 심장마비의 원인을 '너무 많이 움직인 것' 때문이라고 믿으면 운동을 더 하라는 충고를 따르지 않고 편히 쉬는 쪽을 택할 것이다. 마찬가지로 '생물학적 특성 때문에 나는 과체중이다.'라고 믿으면 자신의 믿음과 상충된다는 이유로 덜 먹으려는 노력은 하지 않을 것이다. 우리는 문제에 대한 해결책이 우리가 믿고 있는 원인과 부합할 때만 수용한다. 한 번도 체중 감량과 유지에 성공해 본 적이 없는 한 참가자가 이 같은 사실을 잘 보여 준다.

저는 날 때부터 과체중이었고 항상 과체중이에요. …뚱뚱한 아이였고 뚱뚱한 십대였고 뚱뚱한 성인이었고 내 몸무게는 줄어든 적이라고는 없고 항상 불어나기만 했죠. …저는 한 번도 정상 체중이었던 적이 없어요. - 잭

반면에 성공적으로 체중을 감량하고 유지한 사람들은 자신의 체중 문제와 관련해 원인(나는 과식을 한다.)과 해결책(나는 덜 먹어야 한다.) 모두 좀 더 행동 중심의 모델을 갖고 있다. 이들의 모델은 일관성이 있고 행동을 강조한다. 예를 들어 체중을 감량하고 유지한 한 참가자는 자신의 문제가 어떻게 발생했는지 다음과 같이 설명했다.

지나치게 술을 마시고… 위안 삼아 먹고… 집에는 항상 먹을 게 많아도 너무 많고… 아이들 음식까지 다 먹어 치워요. - 데이비드

체중과 관련해서 이와 같이 행동 중심의 모델 쪽으로 옮겨 가게 되는 계기가 생활 사건 자체일 수도 있고, 자신이 읽거나 본 것, 혹은 건강 전문가의 도움에 대한 반응일 수

도 있다. 예를 들어 어떤 사람이 지난번 아팠을 때 체중이 감소했다가 휴가 때 다시 증가했다는 사실을 깨닫는다면 먹는 것과 체중 사이의 연결 고리가 더 명확해질 것이다.

## 손익 분석의 변화

대부분의 행동은 단순한 손익 분석에 의해 결정되며 식습관도 다르지 않다. 건강에 해로운 낡은 습관으로 인한 이익이 더 이상 손실보다 크지 않을 때 체중 감량에 성공할 수 있으며, 때때로 생활 사건이 계기가 되기도 한다. 예를 들어 어떤 사람이 직장을 잃으면 더 이상 탕비실 간식을 먹거나, 동료들과 점심 회식을 하지 못한다. 마찬가지로 결혼이 깨지면 관계로 인한 문제를 음식으로 해결할 필요가 없어진다. 체중을 감량한 한 참가자는 '괴물 여자 친구'와 헤어진 후 어떻게 체중 감량을 할 수 있었는지 설명했다.

> 여자 친구와 헤어지기 전에는, 행복하다가도 우리가 말다툼이라도 하고 나면 에이, 될 대로 되라. 맥도날드나 가야겠다고 생각하곤 했어요. - 피터

그러나 여자 친구와 헤어지고 나서는 이렇게 변했다고 말했다.

> 다시 집에 들어와 가족과 함께 살면서 친구들도 훨씬 더 자주 만났어요. …멋져 보이고 싶다. 벗은 몸도 멋져 보이고 싶다. 이런 말을 제 스스로 하게 되더라고요.

여자 친구와 더 이상 말다툼을 하지 않으므로 과식을 할 필요가 없어졌고, 사는 곳도, 함께 사는 사람도 바뀌었다.

### 손실 비용을 현시점으로 가져오기

사람들은 미래를 평가 절하하는 데 아주 탁월하기 때문에 현시점에서 얻는 이익에 더 큰 무게를 두고 미래의 손실 비용은 무시한다. 먹는 것과 관련하여 이러한 특성은 문제가 된다. 먹는 데서 오는 이익은 항상 즉각적으로 발생하는 반면 손실은 수개월 또는 수년 뒤에 발생하기 때문이다. 그러나 어떠한 사건은 손실을 더 즉각적으로 느껴지게 만들어서 이러한 손실과 이익의 발생 시점을 바꿀 수 있다. 예를 들어 생활 사건이 심장 마비나 당뇨병 진단과 같은 건강상의 위기인 경우, 건강에 해로운 식습관이 초래하는 손실이 더 이상 먼 미래가 아닌 현시점의 일이 되기 때문에 무시하기가 훨씬 힘들어진다. 규칙적으로 먹기, 군것질보다는 요리해서 끼니 챙겨 먹기 등 달성 가능한 목표를 설정하는 경우도 마찬가지이다. 식사 계획을 지킴으로써 규칙적으로 보상을 얻을 수 있기 때문에 스스로 체중을 재는 것도 목표 달성에 도움이 될 수 있다. 이에 대해 한 참가자는 다음과 같이 말했다.

> 매주 체중을 재러 가요. 야간 근무지만 오늘이 체중 재는 날이라서 재러 갈 거에요. 야간 근무라서 체중이 평소랑 차이가 나겠지만 그래도 목표를 벗어나기 싫으니까 가서 체중을 잴 거예요. - 프랜시스

따라서 성공적인 다이어트를 위해서는 손익 분석을 변화시키는 것뿐 아니라 손실과 이익의 발생 시점을 바꾸는 것 또한 중요하다.

## 성공에 투자하기

체중 감량은 극도로 어려운 일이다. 평생 몸에 밴 습관을 바꿔야 하고 끊임없이 절제해야 하며 사교 모임에 빠지고 일상적인 생활 습관을 바꾸어야 하기 때문이다. 사람들이 힘든 다이어트를 성공하고도 언제, 어떻게 다시 살이 찌고 결국 처음부터 다시 그 고난의 여정을 시작하게 되는지는 정확히 알 수 없다. 우리는 살면서 어려웠던 일은 잘 기억하지 못하고 시간이 지나면 이런 기억이 흐릿해지기 때문에 충격적인 일을 극복할 수 있다. 여러모로 다행스러운 일이지만, 이런 습성으로 인해 예전의 습관으로 되돌아가 체중이 다시 증가할 수 있기 때문에 다이어트에는 도움이 되지 않는다. 감량 초기 단계가 얼마나 힘들었는지 인식하고 기억하면 처음 체중을 감량한 이후 유지할 수 있는 확률이 더 높아지는 것으로 보인다. 이에 대해 한 여성은 이렇게 말했다.

> 살 빼려고 힘들게 노력했어요…되돌아가기 싫어요.
>
> \- 케리

한 참가자는 얼마나 힘들게 체중을 감량했는지 기억하기 위해 자신의 사진을 어떻게 이용했는지 설명했다.

> 내가 침대에 들러붙은 채로 살던 시절에 찍은 사진이 있는데 잊지 않으려고 냉장고에도 붙여 놓고 찬장 안에도 붙여 놓았어요. …쓰레기 같은 거 먹던 그때 생각만 하면, 윽. 생각해 보면 끔찍해요. 그걸 다시 시작할 수는 없어요.
>
> \- 에밀리

이러한 행동은 투자의 한 형태이며 이러한 것들을 강조하고, 모아 두고, 집중하고, 계속 눈에 띄게 해 두면 감량 상태를 유지하는 데 도움이 될 수 있다. 일기를 쓰거나 고통스러웠던 점을 목록으로 만들어 여럿이 볼 수 있는 곳에 두는 등 투자 감각을 강화할 수 있는 많은 전략이 있다.

### 새로운 정체성과 재창조의 과정

다이어트에 성공한 사람들은 더 날씬하고 더 건강한 사람이라는 새로운 정체성을 확립하는 것으로 보인다. 이런 경우 살찐 모습은 스스로 생각하는 자신의 모습과 부합하지 않기 때문에 체중이 증가할 확률이 훨씬 줄어든다. 새로운 정체성은 기존의 삶에 자연스럽게 스며들기도 하지만 많은 경우 재창조의 과정과 새로운 존재 방식의 확립으로 이어진다. 헬스클럽 강사, 개인 트레이너, 영양학자가 되거나 체중 감량 단체를 조직하거나 철인 3종 경기나 마라톤에 참가하는 등 여러 방식으로 새로운 정체성이 표출된다. 우리 연구의 참가자들은 이런 것들을 가리켜 새로운 시작, 재탄생, 새로운 나, 마지막 기회 등 다양하게 표현했다. 한 남성은 이렇게 말했다.

> 자신감이 생겼어요. …전보다 덜 쑥스러워하고 이제 다른 사람 눈치도 안 보고, 보디랭귀지도 바뀌었어요. …의자에 기댄 채로 말을 할 수도 있어요. …새로운 삶, 새로운 가능성, 새로운 기회가 생긴 것 같아요. 나는 새로운 사람이에요. 그야말로 다시 태어난 거죠. - 마이클

일단 이 새로운 정체성이 생겨나면 감량 체중이 유지될 확률은 훨씬 높아진다.

## 감정적 섭취를 멈춘다

감정적 섭취로 인해 과체중이 되는 경우가 많다. 감정을 다스리기 위해 음식을 이용한 결과이다. 한 참가자는 음식에 대해 이렇게 말했다.

> 감정을 조절하기 위해 음식에 너무 많이 의지했어요. 물론 효과도 없고 더 나빠지기만 해요. 음식은 친구가 아니라 감정적 버팀목이에요. …나는 음식과 일종의 애증 관계예요.
>
> \- 피터

다이어트에 성공한 사람들은 운동, 친구와 대화, 노래, 악기 연주나 새로운 취미 등 대안이 될 수 있는 대응 전략을 찾아야 한다고 이야기한다. 한 여성이 이렇게 말했다.

> 욕조에 앉아 있어요. 감정을 조절할 수 있는 다른 방법을 배워 가는 중이에요.
>
> \- 크리스타

또 다른 참가자는 이렇게 말했다.

> 물론 아직도 그것[음식]에 대해 생각해요. 과거로 돌아가고 싶지 않기 때문에 생각하죠. 다른 데 집중해야 한다. 산책을 해야 한다. 나가서 산책하는 동안은 냉장고 문을 열 수 없기 때문이에요. 이렇게 하면 다른 데 집중할 수 있어요.
> - 크리스

하지만 대안이 될만한 대응 전략을 찾기란 쉽지 않다. 여러 참가자들이 먹는 것을 대신할 수 있는 다른 행동을 찾는 데 어려움을 느낀다고 설명했다.

> 음식을 이용해서 위안을 얻고 안도감을 얻고 친구로 삼았는데, 더 이상 음식을 이용할 수 없을 때는 어떻게 하겠습니까? 음식을 떼어 놓고는 상황을 해결할 방법이 없었어요.
> - 리치

어떤 경우에는 대안으로 선택한 행동도 건강에 해가 될 수 있다. 한 환자는 비만 수술 후 이렇게 말했다.

> 수술 후에 완전히 술로 갈아탔어요. 음식을 먹을 수가 없

으니까. …내 안에 있는 욕구를 채우기 위해서 속수무책으로 술독에 빠졌죠. - 맨디

## 새로운 식습관을 만든다

장기적인 체중 감량을 위해서는 짧은 기간보다는 계속 유지할 수 있는 건강한 식습관을 새로 구축해야 한다. 다이어트에 성공한 참가자가 말했다.

> 바꿔야 해요. 평생 식습관을 바꿔야 해요. 그냥 얼마 동안이 아니라 영원히 말이죠. 영구적으로 바꿔야 해요. 나는 그렇게 했어요. - 메리

다양한 성공 사례를 통해 새롭고 다양한 식습관에 대한 정보를 얻을 수는 있지만, 모든 사람에게 맞는 한 가지 식습관은 없다. 하지만 체중 감량이 유지되는 경우는 대부분 건강에 도움이 되는, 과일과 채소 위주의 저열량 식단과 관련이 있다. 한 여성이 이렇게 말했다.

> 샐러드, 채소, 피클을 더 먹어요. …삶은 채소를 여러 접시 먹고 샐러드를 많이 먹습니다. 이런 것들을 좋아해요. 고추냉이 소스를 곁들여 먹을 때도 있죠. 어떨 때는 칠리 소스를 넣고요. …요즘은 전부 굽거나 생으로 먹어요.
>
> \- 제인

한 여성은 자신의 식습관이 나머지 가족들에게 어떤 영향을 미쳤는지 설명했다.

> 우리는 이제 맥도날드에는 안 가요, 피자도 안 먹죠. 던킨 도넛에 가서 도넛을 사곤 했는데 이제는 안 그래요. …저와 우리 가족은 이제 건강하답니다. - 안젤라

성공적인 다이어트를 위해서는 오래 지속할 수 있는 새로운 습관을 확립해야 하며, 주변 사람들의 습관도 바꾸어야 하는 것으로 보인다.

## 음식을 통제할 수 있다는 느낌

체중을 감량하고 유지한 많은 사람들은 음식에 대한 통제력이 새로 생긴 것 같다고 말한다. 보다 전통적인 다이어트 방식을 이용한 사람들의 경우, 새로운 식습관이 생기고, 대안이 될 수 있는 새로운 대응 전략 덕분에 감정적 섭취가 줄어들고, 음식에 대한 생각과 생활 속에서 음식의 역할이 변함으로써 통제감을 느끼는 것이다. 음식을 아예 금지된 것으로 여기기보다 어느 정도 유연하게 통제할 수 있다는 자신감으로 나타난다.

> 우리만의 소박하고 특별한 간식이 있어요, 비스킷을 먹죠. …박탈감 같은 건 없어요. 초콜릿을 먹고 싶을 때는 먹어요. 대신 개수를 세죠. 실제로 전에 먹던 대로 먹고 이번 주에는 아침도 직접 해서 먹었어요. 이런 걸 다 먹을 수 있고, 맛있기 때문에 다이어트 음식이 아니라 평범한 음식을 먹는 기분이에요.
>
> \- 에밀리

비만 수술을 통해 체중을 감량한 사람들 또한 통제력의

변화를 경험했다고 말했다.

많은 경우 통제력을 회복했다는 기분은, 역설적이게도 음식에 대한 선택권이 자신의 손을 떠났다는 생각에서 비롯된다. 수술로 인해 음식 섭취량이 제한되었기 때문이다. 나는 이러한 현상을 '통제력의 역설'이라고 부르는데, 수술이 통제권을 빼앗음으로써 사람들은 통제력이 생겼다고 느낀다.

> 이제 제 스스로 결정할 필요가 없어진 것 같아요. 전에는 내 위가 모든 것을 지배했기 때문에 나는 내 몸을 통제할 수가 없었죠. 이제는 너무 많이 먹으면 토할 것 같아서 먹고 싶은 만큼 먹을 수가 없어요. …좋은 것 같아요. 전에는 스스로 통제를 못했으니까요. - 제니

이런 기분을 느끼기 위해 꼭 수술을 받을 필요는 없다. 단순히 음식을 집에 들이지 않는 것만으로 도움이 된다.

## 희망

성공적인 체중 감량 및 유지와 관련이 있어 보이는 마지막 요인은 희망이다. 사람들은 대부분 습관대로 하루하루를 살아가며 미래의 삶도 과거나 현재의 삶과 많이 닮아 있을 것이라고 생각한다. 건강하고 행복한 사람들은 괜찮다. 이런 삶의 방식이 만족감이나 행복 지수를 높여 줄 수도 있다. 하지만 그렇지 못한 사람들은 옴짝달싹 못하고 습관적인 삶에 갇혀 버릴 수 있다. 한 가지 벗어날 수 있는 방법은 수년간 그려 온 미래와는 달리 더 나은 미래도 있을 수 있다는 희망을 찾는 것이다. 다이어트를 하는 사람들은 다른 사람의 성공담을 듣거나, 생활 속에서 자신의 행동을 바꾼 후에 좋은 평가를 받거나, 자신의 행동을 관찰하다가 달라질 수 있다는 희망을 주는 변화의 작은 신호를 발견했을 때 이런 희망의 감정을 품게 된다. 우리 환자 중 한 여성은 자신의 미래가 과거보다 나아질 수 있다는 희망을 품게 된 순간에 대해 이야기해 주었다. 병원에서 전신 스캔을 하다가 자기 신체 이미지를 보게 되었을 때였다고 한다.

> 정형외과 선생님이 전신 엑스레이를 찍었어요. … "환자분의 전신 사진입니다. 이 정도가 환자분이고, 이게 다 환자분의 지방이에요. …." 그리고 우리 애들에게 이렇게 말했죠. "봐봐. 저기 있는 자그마한 엄마가 밖으로 나오려 하고 있어." 그때 도전해 보기로 결심을 했어요. - 롭

이 여성의 경우 '자그마한 나'라는 자신의 또 다른 이미지가 희망을 주었고 결국 자신의 행동을 바꾸고 체중을 감량하게 했다.

성공 사례에 대한 심층 면접은 성공적인 다이어트를 이끌어 낸 메커니즘을 찾기 위한 한 가지 방법이며, 성공하기까지의 많은 과정을 보여 준다. 성공적인 다이어트를 이해하기 위한 두 번째 방법은 체중을 감량하고 유지한 사람들과 그렇지 못한 사람들을 비교하는 것이다. 이제 이 방법에 대해 살펴 보겠다. 이 두 방법 사이에서 여러 공통적인 요소를 찾아볼 수 있다.

## 접근법 2: 성공한 사람과 아닌 사람의 차이점

지난 수십 년간 설문지와 대규모 표본을 사용하여 체중을 감량하고 유지한 사람들과 그렇지 못한 사람들의 특성을 살펴본 양적 연구가 많이 발표되었다. 이 중 일부는 미국 국가 체중 관리 등록National Weight Control Registry의 자료이다. 1993년에 구축된 이 데이터베이스는 체중을 약 13kg 이상 감량하고 1년 이상 유지한 만 명 남짓의 개인에 대한 자료이다. 체중이 전혀 줄지 않거나 1년 이내에 체중이 다시 증가한 사람들은 포함하지 않았기 때문에 대표적인 표본이라고 할 수는 없지만, 성공적인 다이어트에 관해 알아볼 수 있는 유용한 자료임에는 틀림이 없다.[67-73] 예를 들어 감량한 지 5년 후에 체중이 다시 늘어난 사람과 감량을 유지한 사람들을 비교한 후 연구자들은 다음 사항들의 중요성을 강조했다. 신체 활동 증가, 지방 섭취 감소, 식단 규제(즉, 다이어트 노력) 강화, 중요한 의학적 유발 기제, 탄력적인 식단보다는 일주일 내내 일관된 식이 요법 유지 등이다.[73]

비슷한 맥락에서 내가 2000년에 진행한 연구[74]에서는, 지속적으로 비만인 사람, 체중이 다시 늘어난 사람, 체중 감량 후 유지한 사람들의 차이점을 살펴보았다. 그 결과 개인적 특성에 따른 변수, 역사적 요인, 도움을 구하는 행동, 심리적 요인 등이 각각 어떤 역할을 하는지 알 수 있었다. 특히 체중 감량 후 유지한 사람들의 경우 연령대가 더 높고, 식단 조절 기간이 더 길었고, 애초부터 체중이 덜 나갔으며, 음식의 총 열량을 계산하기보다 건강식 비중이 높았다. 그리고 자신의 체중 문제를 의학적 원인으로 돌리는 비율이 낮았다. 또 과체중에 따른 심리적 결과(예를 들어 신체 이미지)에 더 무게를 두었으며, 심리적 원인(예를 들어 자존감과 자신감)이 체중을 감량하는 계기가 되었다고 말했다.

집단별 차이점[75]을 중심으로 성공적인 다이어트에 대한 연구 문헌을 검토한 결과 성공과 관련한 많은 전략이 눈에 띄었다. 예를 들어 더 큰 폭의 초반 체중 감량, 자신이 정한 목표 체중에 도달하는 것, 활발한 신체 활동, 아침을 챙겨 먹는 등 하루 종일 규칙적인 식사, 건강식 먹기, 과식 자제, 스스로의 행동을 관찰하고, 동기 부여를 내면에서 받았고, 바람직한 대응 전략이 있었으며, 통제감, 자율성, 책임감 등이 있었다.

마지막으로, 동료와 함께 진행한 연구[76]에서 성공 사례

조사를 통해 알게 된 요인들을 직접 확인해 보았다. 사례를 통한 질적 연구 결과가 더 큰 표본을 대상으로 한 양적 연구를 통해 뒷받침될 수 있는지 알아보기 위해서였다. 그 결과 다이어트에 성공하고 감량 체중을 유지한 사람들의 경우 생활 사건의 발생 비율이 더 높았다. 또 자신의 체중 문제에 대해 의학적 해결책보다는 심리적 해결책을 믿었으며, 건강에 해로운 기존의 행동보다 건강에 도움이 되는 새로운 행동이 더 많은 이익을 준다고 생각하는 것으로 나타났다. 이러한 요인들과 성공 사례를 조사한 질적 연구에서 나타난 요인들 사이에 분명 많은 공통점이 존재하는 것으로 보인다.

## 접근법 3: 장기적인 다이어트 성공 예측

성공적인 다이어트를 이해하기 위한 마지막 방법으로 시간의 흐름에 따른 감량 체중 유지에 대한 예측 변수를 살펴보았다. 미국 국가 체중 관리 등록의 자료를 사용했던 한 연구에서 10년간 추적 조사를 한 결과, 87%가 처음 체중의 최소 10%를 감량한 후 그때까지도 유지한 것을 알 수 있었다.[67] 또한 감량 폭이 더 크고 유지 기간이 더 긴 경우 여가 시간에 신체 활동이 증가했고, 식단 조절을 강화했으며, 더 자주 스스로 체중을 쟀다. 또 지방 섭취도 감소했으며, 과식하는 횟수 역시 줄어들었다.

대부분의 다른 보고서에서는 체계적인 검토와 메타 분석을 이용하여 많은 연구를 종합적으로 활용했다. 예를 들어 스텁스Stubbs 등이 참여한 연구[77]는 비만 치료 전 변수와 치료 중 변수에 관한 많은 보고서와 개별 연구에서 자료를 수집하여 성공적인 다이어트는 다음의 사항과 관련이 있다고 강조했다. 기본 체중이 더 높음, 남성, 비만 치료를 받고 초반 체중 감량을 보임, 체중 감량을 위해 치료를 받음, 치료 기간 증가, 사회적 지원 증가, 자기 행동 관찰, 목표 설정, 먹는 속도 감소, 신체 활동 증가 등이다. 마찬가지로 테세이라Teixeira 등이 참여한 연구[78]에서는 중·장기적인 체중 관리와 관련된 요인들을 밝혀냈으며 자율적 동기 부여, 자기 조절 기술, 자기 효능감, 자기 관찰, 긍정적 신체 이미지 등을 강조했다. 마지막으로, 12개월까지의 체중 감량에 대한 예측 변수를 종합적으로 분석한 연구[79]에서는 열량 계산, 영양사와 보다 긴밀한 연계, 타인과 비교 등의 전략이 중요한 것으로 보고되었다.

## 성공한 다이어트의 공통점은 무엇인가?

위에 설명한 세 가지 방법을 적용해 보면 계속해서 등장하는 여러 공통적 요인이 명확히 존재하며, 이 요인들이 성공적인 다이어트와 관련이 있다. 이 요인들을 표 7.1과 같이 분류해 보았다.

남성, 높은 연령대, 높은 초기 체중 등 성공과 관련 있어 보이는 고정 변수들 외에도, 위의 분석을 통해 어떻게 체중을 감량하고 유지하는지를 설명해 주는 일곱 가지 주요 요인을 알 수 있다.

첫째, 한 사람의 세계를 뒤흔들어 변화의 기회를 마련해 주는 '생활 사건'이나 의학적 요인이 성공적인 '다이어트의 계기'가 되는 경우가 많다. 또한 자신의 체중 문제가 행동 때문이라고 믿고 '상황이 변할 수 있다'는 희망을 가지면 초반에 변화가 일어날 확률이 높아진다. 나아가 성공적인

표 7.1 성공적인 다이어트 이해하기

| 성공 사례 | 차이점 | 성공의 변수 | 전반적 주제 |
|---|---|---|---|
| 생활 사건 | 생활 사건, 의학적 유발 기제 | | **생활 사건** |
| 행동 중심 모델 | 의학적 모델 감소 | | **변할 수 있다** |
| 상황이 변할 수 있다는 희망 | 심리적 결과 및 동기 | | |
| 다이어트 및 신체 활동의 손익 변화 | 건강함이 주는 새로운 이익 | 사회적 비교<br>신체 이미지 개선 | **손익 분석 변화** |
| 손익 발생 시점의 변화 | 목표 설정, 스스로 세운 목표 | 스스로 체중 재기, 치료받기, 목표 설정, 사회적 지원, 치료 기간, 영양사와 연계 | |
| 현재까지의 투자 | 다이어트 시도 증가, 초반 체중 감량 | 초반 체중 감량 | **현재까지의 투자** |
| 새로운 식이 요법 | 아침 식사, 건강식, 지방 감소, 일관된 일상 | 열량 계산, 지방 감소 | **새로운 행동 요법** |
| 통제감 | 신체 활동 자기 관찰, 자율성, 책임감, 식단 조절 강화 | 신체 활동 자기 관찰, 자율적 동기 부여, 식단 조절 강화, 과식 감소, 자기 효능감 | **통제력 회복** |
| 감정적 섭취 감소 | 능숙한 대응 | 자기 절제 | |
| 새로운 정체성과 재창조 | | | **새로운 정체성** |

다이어트는 건강을 위한 행동의 '손익 분석 변화'와도 관련이 있다. 이러한 손익 분석 변화를 가능하게 하는 목표 설정, 스스로 체중 재기, 공식적인 치료받기, 영양사와 연계 등의 전략은 건강을 위한 행동이 더 큰 이익을 가져올 수 있게 할 뿐만 아니라 이익을 현시점으로 옮겨 와 그 행동을 더 오래 지속할 수 있게 만든다. 다음으로, 다이어트에 성공하려면 변화를 위해 초기 '투자'를 하고, 성공을 위한 추진력을 얻기 위해 이 투자에 집중할 필요가 있는 것으로 보인다. 큰 폭의 초반 체중 감량으로 얻는 효과, 끈기, 반복적인 다이어트 시도가 미치는 영향을 보면 초기 투자의 필요성을 알 수 있다. 결국, 이 모든 사항은 아침 식사, 규칙적 식사 시간, 건강식, 지방 섭취 감소와 신체 활동 증가로 이루어진 '새롭고 일관된 행동 요법'으로 완결된다. 이 행동 요법은 '통제감을 회복'함으로써 강화될 수 있으며, 때로는 자기 관찰을 통해 만들어질 수 있고, 개선된 식단과 과식 감소로 나타날 수 있다. 마지막으로, '새로운 정체성'을 확립하고 자아 재창조의 과정을 거치면서 다이어트에 성공할 수 있는 것으로 보이며 그 중심에는 더 건강하고 더 날씬한 나 자신이 자리 잡고 있다.

## 이 장을 정리하면

세 가지 접근 방식의 연구 결과를 활용해 성공적인 다이어트에 대해 알아보았다. 각기 다른 접근 방식에서 지속적인 체중 감량을 용이하게 하는 공통 요인이 많이 발견된다. 다이어트를 유발하는 초반의 결정적 계기, 상황이 변할 수 있다는 믿음, 식생활과 운동에 대한 손익 관계의 변화, 새로운 행동 요법, 통제감과 새로운 정체성 등이 이러한 요인이다. 하지만 이러한 요인들을 설명하는 것보다 실제로 발생하게 만드는 것이 중요하다.

## 08

# 행동 변화를 위한 몇 가지 전략

실패한 다이어트는 감정적인 유발 기제, 금단, 절제와 반동 효과, 음식 선호에 대한 믿음, 교차 중독 등 심리적 요인들과 물리적 유발 기제 및 사회적 압력 등 환경적 유발 기제의 산물이다. 성공적인 다이어트는 생활 사건, 상황이 변할 수 있다는 믿음, 건강한 식습관에 대한 손익 분석의 변화, 초반 체중 감량을 위한 투자, 통제력 회복, 새로운 식이 요법, 더 건강하고 더 날씬한 사람이라는 새로운 정체성에서 비롯되는 것으로 보인다. 성공적인 체중 감량과 유지를 위해서는 실패로 연결되는 요인은 피하고 성공에 도움이 되는 요인은 최대화하는 것이 관건이다. 이를 위해 행동 변화가 수반되어야 한다. 8장에서는 행동 변화를 위해 유용하게 사용할 수 있는 몇 가지 전략에 대해 이야기하겠다. 이후 9장에서는 성공적인 체중 감량 및 유지 가능성을 최대화 하기 위해 이러한 전략을 어떻게 활용할 수 있는지 살펴볼 것이다.

## 학습된 행동 지우기

말하기, 걷기, 먹기 등 모든 행동은 모델링(타인 관찰), 반복(계속 거듭하기), 강화(보상의 근원), 연상(기분 등 내적 요인이나 주변 환경의 외적 요인과 연관 짓기)의 네 가지 주요 메커니즘을 통해 학습된다. 그러므로 행동을 바꾸려면 기존의 행동을 지우고 동일한 메커니즘을 이용해서 다음과 같이 새로운 행동을 학습해야 한다.

첫 번째 메커니즘은 '모델링'이다. 우리는 주변 사람들을 관찰하고 따라 하고 싶은 행동에 집중함으로써 행동을 바꿀 수 있다. 가족, 친구, 건강 관리 전문가, 교사, 직장 동료의 행동이나 심지어 잡지나 텔레비전 등 매체를 통해 멀리 떨어져 있는 사람들의 행동을 관찰하는 것으로도 달라질 수 있다. 그러므로 자신의 행동을 바꾸고 싶다면 주변에 바람직하게 행동하는 사람들을 가까이 두고, 보다 건강하게 행동하는 사람들에게 주의를 기울이고, 그렇지 않은 사람들을 무시하면 도움이 된다. 이러한 학습 과정은 모델링, 관찰 학습 또는 사회 학습으로 알려져 있다.

두 번째 메커니즘은 '반복'이다. 인간의 행동은 습관의 산물이기 때문에 과거의 행동을 보면 미래의 행동을 가장 잘 예측할 수 있다.[60,61] 하지만 처음에 어떤 행동을 습관으로 만드는 것은 어렵다. 그러므로 행동 변화의 초반에는 무의식 과정인 습관에 의지하기보다는 한 가지 행동을 의식적으로 반복해야 한다. 그러다 보면 이 행동이 일상적 과정으로 느껴지기 시작할 것이다. 강화와 연상의 메커니즘을 이용하면 이 과정이 좀 더 수월해질 수 있다.

세 번째 메커니즘은 '강화'다. 어떤 행동이 어떤 식으로 강화되거나 보상을 받으면 반복될 확률이 더 높아진다. 강화는 누군가 나를 보며 미소 짓거나, 기뻐하거나, 나를 칭찬할 때 주어질 수도 있고 또는 스스로 칭찬 스티커를 붙이거나, 자신에게 특별한 선물을 주거나, 돈이나 저금 등으로 스스로 보상을 하는 등의 방법으로 주어질 수도 있다. 아니면 자신을 칭찬하기만 해도 효력이 있다. 방법이야 어떻든 칭찬은 새로운 행동을 반복하게 만드는 데 도움이 된다. 또한 긍정적인 강화는 비판보다 언제나 훨씬 더 효과적이다. 비판은 사람들의 행동을 변화시키기보다는 자존감이나 기분을 해칠 뿐이다.

네 번째 메커니즘은 '연상'이다. 어떤 행동이든 기분과 같은 내적 요인 및 환경을 비롯한 외부적 측면과 연결되어 있기 마련이다. 그러므로 행동 변화를 위해서는 새로운 연상 관계를 형성해서 새롭고, 건강한 행동은 더 긍정적으로 만들고 건강에 해로운 기존의 행동은 더 부정적으로 만들어야 한다. 질병 관련 사진을 찾아 건강에 해로운 음식 사진 옆에 붙여 두기, 건강한 생활을 담은 사진을 찾아 건강에 좋은 음식 사진 옆에 붙여 두기, 패스트푸드점에 대해 뚱뚱함, 피로감, 매스꺼움, 고상하지 못함 등의 느낌을 연상하기, 건강한 식생활을 건강과 행복 지수가 높아지는 느낌과 연결 짓는 법 배우기, 야외에서 신선한 공기를 마시거나 운동할 때의 느낌을 에너지 회복과 짝지어 생각하기 등의 방법을 이용할 수 있다.

이와 같이 기존에 학습된 행동을 지우기 위해 모델링, 반복, 강화, 연상의 메커니즘을 사용할 수 있다. 성공적인 다이어트를 위해서는 반드시 건강한 식생활을 하고 운동을 하는 사람들과 어울려 더 많은 시간을 보내고, 주변에 더 건강한 습관을 가진 사람들에게 관심을 가져야 한다. (그렇지 못한 사람들에게는 집중하지 않는다.) 처음에는 강제로라도 새로운 식습관을 시작하고 그다음에는 싫더라도 그 습관을 계속 반복한다. 그리고 어떤 것이든 건강에 더 도움이 되는 행동을 했으면 가능할 때마다 자신에게 보상해 준다. 단순히 더 열심히 노력한 것 외에도 건강한 식생활에 대해 생각했든, 실제로 건강한 행동을 했든 어떤 것이든 상관없다. 신체 활동을 늘리고 난 후에는 건강, 행복, 장수, 아프지 않고 재미있게 생활하기 등과 같은 긍정적인 생각과 자신의 새로운 식습관 사이에 긍정적인 연상을 만들어 내려고 노력한다.

## 인식 변화는 행동 변화를 이끈다

행동은 위에 설명한 메커니즘뿐만 아니라 인식의 영향도 받을 수 있으며 인식 또한 바뀔 수 있다. 예를 들어 '요리는 시간이 많이 걸려.' 혹은 '요즘은 요리가 너무 복잡해서 텔레비전에 나오는 요리사 같이는 절대 못 만들어.'라는 생각 때문에 우리가 패스트푸드를 먹는 것일 수도 있다. 또한 '내 인생은 스트레스가 너무 많아. 먹는 것 말고는 기분이 좋아지는 법을 모르겠어.'와 같은 생각 때문에 과식하는 것일 수도 있다. 연구 결과에 따르면 '소크라테스식 물음'을 이용해서 인식을 바꿀 수 있다. 이 물음법은 어떤 인식이 실제로 근거에 기반한 것인지 확인하기 위해 증거를 찾는 것이다. 예를 들어 누군가 "아무도 나를 좋아하지 않아."라고 말한다면 사람들이 그 사람을 좋아한다는 증거를 찾는 것이다. "나는 항상 실패해."라고 한다면 성공할 때도 있다는 증거를 찾는다. "최고가 될 수 없다면 나는 쓸모가 없어." 하고 말한다면 이 사람이 충분히 잘해냈을 때를 찾아 그것만으로도 좋았다는 증거를 찾는 것이다. 소크라테스식 물음은 인식의 재구성이라고 하는 과정의 기초이며 행동 지우기의 메커니즘과 함께 인지 행동 치료의 핵심을 이룬다. 인지 행동 치료는 다양한 환경에서 행동 변화를 위해 사용되는 효과적인 치료법이다.[80]

행동 변화를 위해 사용할 수 있는 또 다른 방법인 '재발 방지'는 인지 행동 치료의 기본 원리를 따르며 주로 중독 행동을 교정하기 위해 사용된다. 재발 방지는 휴식, 계약 맺기, 기술 훈련 등 다양한 전략을 포함하지만 그중 다이어트와 가장 관련이 깊은 개념은 '절제 위반 효과'이다.[81] 이 효과는 비스킷 하나를 먹는 것과 같은 처음의 실수가 봉지 채 먹는 완전한 재발이 되기까지의 단계를 보여 주며 어떻게 하면 재발 확률을 낮출 수 있을지 분석하는 것을 도와준다. 구체적으로 말해, 실수가 완전한 재발로 이어지는 경우는 당사자가 자신을 탓할 때, 그리고 스스로 생각하는 자신(다이어트를 하는 사람)과 자신의 실제 행동(방금 실수한 사람) 사이의 불일치로 인해 생기는 불편함 때문에 인지 부조화를 경험할 때이다. 이런 경우에 도움을 줄 수 있는 가장 좋은 방법은 파티 중이었다거나, 누가 권했다든가, 힘든 날이었다든가 하는 상황처럼 자신 외에 원망할 수 있는 다른 대상을 찾도록 권하는 것이다. 그러면 자책을 피할 수 있고 인지 부조화가 줄어들며 다시 본래의 식단으로 돌아올 수 있고 재발을 피할 수 있다. 이러한 과정은 다이어트에 관한 연구 문헌에 나오는 '무슨 상관이람' 효과의 개념과 유사하며 행동 변화를 위한 유용한 접근법이다.

## 생각에 따라 행동은 변한다

인생에는 긍정적인 사건도, 부정적인 사건도 많지만 우리가 인생을 어떻게 느끼는지는 객관적으로 우리에게 어떤 일이 벌어지는가보다 자신의 세계를 어떻게 해석하는지와 더 관련이 있다. 뿐만 아니라, 우리는 불확실성이나 우연과 함께 살아가는 것을 힘들어 하기 때문에 우리가 보는 것, 행동하는 것, 경험하는 것에서 패턴을 찾게 되고, 그 결과 해석의 과정이 생겨난다. 이러한 과정은 우리 건강의 중심을 이루며, 우리가 무엇을 하는지(나는 기운을 내려고 먹는다.), 우리가 누구인지(나는 게으르다.), 우리가 어디서 왔는지(나는 부모를 꼭 닮았다.)에 대해 우리 자신에게 하는 이야기에 영향을 미친다. 해석은 두 가지 측면에서 행동 변화의 중심이 되기도 한다.

첫째, 우리는 어떤 문제든지 원인과 해결책에 관한 일관된 이야기를 만들어 내는 경향이 있다. 그래서 '나는 호르몬 때문에 과체중'이라고 믿으면 "살을 빼려면 약이 필요해.—그렇기 때문에 내가 할 수 있는 건 아무것도 없다."고 믿게 될 것이다. 건강에 대해 이런 식의 모델을 갖고 있으면 행동을 바꾸는 것은 이치에 맞지 않는다. 마찬가지로 '너무 움직여서 무릎이 아프다'고 믿으면 확실한 해결책은 덜 움직여서 통증의 원인을 피하는 것이다. 하지만 "나는 너무 많이 먹어서 과체중이야."라거나 "운동 부족 때문에 무릎이 아파."라고 믿으면 덜 먹고 더 움직이는 것이 완벽한 해결책으로 보일 것이다. 따라서 일관성을 유지하려는 이러한 욕구가 어떤 해결책을 더 선택할지 혹은 덜 선택할지를 결정한다.[82] 행동 변화를 위해서는 문제의 원인에 대한 믿음이 변해야 한다. 예를 들어 행동이 원인이라고 믿으면 행동 중심의 해결책을 찾게 된다. 이를 위해서 앞서 설명한 대로 인지 행동 치료를 이용할 수 있다.

둘째, 우리는 또한 자신이 어떻게 느끼는지에 대한 이야기를 만들어 내기도 하고, 어떠한 변화를 겪은 뒤에는 다시 괜찮아졌다고 느끼기 위해 현재 상황을 재설정하고 싶어 한다. 예를 들어 관계가 틀어지거나, 질병을 진단받거나 일자리를 잃는 등 우리 인생에서 뭔가 잘못되면 우리는 불안해진다. 그러면 인생에서 이 일은 일시적인 문제이고, 문제가 생기기 전의 상황으로 돌아가기만 하면 모든 것이 더 나아질 거라고 스스로에게 이야기함으로써 우리는 다시금 마음의 평정을 되찾을 수 있다. 이렇게 평정심을 회복하려는 욕구는 강력한 대응 기제이며 안정감을 유지하는 데 도움이 된다.[83] 하지만 이러한 욕구 때문에 변화의 기회를 놓쳐 버린다면 해가 될 수도 있다. 행동과 관련해 현재 상황의 변화는 행동을 변화시킬 수 있는 기회가 될 수 있지만 그러기 위해서는 현재 변화한 상황을 위협이 아닌 기회로 받아들여야 하며, 이전 상태로 돌아가고 싶은 유혹을 극복해야 한다. 이를 위해 인지 행동 치료를 활용하거나 자신의 세계를 다른 방식으로 해석하려는 시도를 해 볼 수 있다.

## 구체적 계획 세우기

행동 변화를 촉진하기 위한 가장 간단한 방법 중 하나는 목표를 설정하고 계획을 세우는 것이다. 이때 어떤 행동이 되었건 무엇을, 어디서, 언제 할 것인지를 명확하고 구체적으로 설정해야 한다. 심리학에서는 이러한 목표와 계획을 '실행 의도'라고 지칭하기도 한다. 실행 의도는 "더 건강하게 먹을 거야."보다는 "내일 점심은 정오에 생선과 밥을 먹을 거야."와 같은 구체적 목표를 가리킨다. 건강에 관한 보다 일반적인 연구 문헌에서는 구체적이고, 측정 가능하고, 달성 가능하고, 타당하고, 시의적절한 목표를 최고의 목표라고 말한다. 연구 결과에 따르면 목표를 설정하는 것이 건강에 관련된 다양한 행동을 바꾸는 데 도움이 될 수 있다.[84] 이런 목표를 다른 사람과 공유하고 모두에게 알리면 훨씬 더 효과적일 수 있다. 개인과 그 가족, 친구 또는 건강 관리 전문가 사이에 맺는 심리적 계약의 토대가 형성되어 목표를 깨기가 훨씬 힘들어지기 때문이다.

## 인지 부조화 증가로 인한 행동 변화

건강 관리 전문가는 자신의 고객이 변할 준비가 얼마나 되어 있는지 설명하기 위해 단계별 변화 모델을 사용한다. 이 변화 모델은 변화에 대해 생각하지 않는 고려 전 단계, 변화에 대해 생각하는 고려 단계, 변화를 위한 준비를 시작하는 준비 단계, 실제 변화하는 행동 단계, 변화를 이어 가는 유지 단계, 이전의 행동으로 돌아가는 재발 단계의 총 다섯 단계를 보여 준다.[85] 이 모델은 여러모로 비판을 받아 왔지만 행동 교정 치료를 받으려는 사람들에 대해 알 수 있는 유용한 방법이며, 행동 교정에 있어 두 가지 중요한 발전을 가져왔다. 첫 번째는 단계-맞춤 치료에 대한 개념이다. 간단히 말해 모든 치료는 그 사람이 변할 준비가 얼마나 되어 있는지에 맞추어져야 한다는 것이다. 그러므로 누군가 고려 전 단계에 있다면 그 사람을 변화시키려고 해 봐야 소용이 없을 것이다. 두 번째로, 변화 단계별 접근법에서 동기 부여 면담법이 발달했다. 이 면담은 행동을 교정하고 사람들이 다음 단계로 넘어갈 수 있도록 하기 위해 자주 사용된다.[86] 동기 부여 면담에서는 스스로 생각하는 자신의 모습과 자신이 어떻게 행동하는지가 일치하지 않을 때 느끼는 불편한 감정인 인지 부조화 개념에 초점을 맞춘다.[87] 예를 들어 자신은 친절하다고 생각하는데 방금 누군가에게 심술궂게 행동했다면 인지 부조화의 감정을 경험할 것이다. 마찬가지로 "나는 나 자신을 보살필 줄 아는 양식 있는 사람이야."라고 생각하면서 한편으로는 "나는 너무 많이 먹어서 나 자신을 병들게 해."라고도 생각한다면, 이때 역시 인지 부조화를 느낄 것이다. 일부 치료에서는 안심시키는 말을 함으로써 부조화의 감정을 떨쳐 버리게 한다. 동기 부여 면담은 이것과 정반대로 접근하는데, 부조화가 증가하면 사람들이 자신의 행동을 바꾸도록 압박받게 된다는 전제하에 부조화를 극대화시킨다. 자신이 하는 행동의 손실과 이익을 기술하게 하고 이에 대해 피드백을 주면 자신에 대한 일련의 믿음과 자신의 행동 사이의 격차를 파악하는 효과를 거둘 수 있다. 만약 누군가 과체중이라면 "감정을 다스리는 데 도움이 되기 때문에 나는 많이 먹는 것을 좋아해."라고 생각하는 '동시에' "내 체중이 나를 비참하게 만들고 있어."라고 생각할 수 있다. 이러한 생각의 부조화에 대한 피드백을 받으면 "식습관을 바꿀 때가 되었어."와 같은 생각으로 이어질 수 있다.

동기 부여 면담은 건강 관리 전문가가 타인의 행동을 변화시키기 위해 사용할 수 있다. 하지만 자신을 바꾸기 위한 목적으로도 사용 가능하다. 특히 행동으로 인한 손실과 이익의 격차를 글로 적어 보면 스스로 부조화를 비교 대조하고 노출시킬 수 있다.

## 공포는 어떻게 다이어트를 돕는가?

여러 해 동안 건강 증진 캠페인을 벌여 온 사람들은 행동을 바꾸는 데 공포가 최고의 전략이라고 믿어 왔다. 그 결과 금연 운동에는 '흡연은 살인 행위' 또는 '흡연은 당신의 건강에 심각한 손상을 입힌다.'와 같은 문구가 따라다녔다. 공포심 조성에 근거한 이런 캠페인은 사람들이 공포심을 느끼도록 설계되었다. 체중 감량의 경우 이러한 두려움을 이용한 방법으로 처음에는 건강 문제를 강조했다. 심장병이나 당뇨병을 언급하며 "과체중은 위험하다."고 말했다. 또한 "당신은 위험에 처했다." → "과체중 때문에 심장 마비에 걸릴 위험이 있다." → "그 위험은 심각하다: 심장 마비는 목숨을 빼앗아 간다."라고 이야기했다. 뒤이어 이러한 위험을 피할 수 있는 조건을 제시했다. '권장되는 보호조치'는 "덜 먹는다.", "운동량을 늘린다."였다. 또한 "이 조치는 효과가 있다." → "건강식은 심장 마비 예방에 도움이 된다." → 그리고 "이 조치는 쉽다. 건강식은 쉽고 저렴하다."와 같은 이야기를 했다. 안타깝게도 증거가 시사하는 바에 따르면 이러한 공포심 조성은 그다지 효과가 없고 공포가 너무 심하거나 혹은 시원찮을 경우 사람들은 이런 메시지를 무시해 버린다.[88] 특히 겁에 질렸을 때 사람들은 이러한 메시지를 아예 차단해 버리는 것으로 보인다. 이러한 메시지가 자신에 대한 생각과 실제 행동 사이에 인지 부조화를 유발해 결과적으로 자신의 진실성에 도전하는 것처럼 느껴지기 때문이다. 그 결과 이러한 메시지를 폄하하거나("메시지가 명확하지가 않아.", "그 전단은 디자인이 조잡해.") 출처("과학자들이란 믿을 수가 없어.")나 전달자("당신도 뚱뚱하면서 살 빼는 것에 대해 뭘 안다고." 혹은 "날씬한 당신이 살 빼는 것에 대해 뭘 안다고.")를 의심하는 등 여러 방법을 통해 메시지를 차단해 버린다.

이렇게 메시지를 아예 차단해 버리는 문제를 해결하기 위한 대책으로 세 가지를 생각해 볼 수 있다. 첫째, 단순히 가장 '알맞은' 정도의 공포를 파악해서 활용하는 것이다. 하지만 이 방법은 실행하기 어렵다. 개인마다 공포에 대한 반응이 다르기 때문에 필요한 공포의 정도를 판단하기란 인구 전체로 보나 개인별로 보나 거의 불가능에 가깝다. 두 번째 방법은 글만 사용하지 않고 이미지를 사용하는 것이다. 많은 연구를 보면 글자만 있는 것보다 시각적 이미지가 있을 때 메시지를 차단하기 더 힘들다는 사실을 알 수 있다. 시각적 이미지는 우리가 인식하지 못하는 사이에 감정에 직접적으로 영향을 주기 때문에 이미지가 주는 메시지를 '지적으로' 합리화하거나 묵살할 수가 없다.[89] 마지막으로, 사전에 자신에 대해 긍정적인 생각을 하도록 도움을 받으면 부정적 정보를 받아들일 확률이 더 높아진다는 증거가 있다. 따라서 자기 가치 확인이나 감사한 것 찾기의 방법을 이용할 수 있다. 자기 가치 확인은 자신의 좋은 점에 대해 생각해 보게 하는 과정이다. '자신이 친절했던 경우를 열 가지 생각해 보기' 또는 '잘하는 것 열 가지를 적어 보기' 등의 방법이 있다. 마찬가지로 감사한 것 찾기는 사람들이 자신의 인생에서 감사하게 여길 만한 것(예를 들어, "부모님은 좋은 분들이다.", "내 직업은 안정적이다.", "아이들이 건강하다.")에 집중하도록 하는 것이다. 자신의 가치가 확인되었거나 감사한 마음이 생긴 후에는 자신을 더 긍정적으로 느끼고 행동을 바꾸어야 한다고 말하는 메시지를 듣고도 위협을 덜 느낀다.[90] 이 방법은 교육에서 '피드백 샌드위치(긍정적인 피드백 사이에 비판을 끼워 넣는 것—옮긴이 주)' 개념("좋은 대답이야. '그런데' 근거를 제시한다면 더 좋았을 거야.")과 유사하며, 의료 상담 시 권장하는 의사소통 방식("이런 부분은 다행스럽지만 저 부분은 문제입니다."), 관계 불화를 조정하기 위한 상담 방법("설거지를 해 줘서 고마워. 그런데 가끔 요리도 해 주면 도움이 될 것 같아.")과도 유사하다.

결론적으로 행동 변화를 위해 감정을 이용할 수는 있지만 사람들이 아예 차단해 버리기 때문에 공포심 조성만으로는 효과가 별로 없어 보인다. 이 문제는 공포의 정도를 조절하거나, 이미지를 사용하거나, 자기 가치 확인과 감사의 방법을 통해 해결할 수 있다. 이 전략은 성공적인 다이어트를 위해 다이어트를 하는 당사자와 다른 사람의 체중 감량을 돕는 건강 관리 전문가 모두 이용할 수 있다.

## 무의식적 행동 줄이기

습관은 대부분 몸에 배어 있기 때문에 거의 의식적 사고 없이 행해진다. 이 때문에 어디에 있는지 의식하지 않고도 우리가 익숙한 길을 운전해서 갈 수 있고, 빵 한 덩어리를 다 먹고 감자 칩 한 봉지를 다 먹으면서도 배가 계속 고픈지 아닌지를 인식하지 못하는 것이다.

이러한 무의식적 행동을 방지하고 보다 주의 깊게 행동하기 위한 한 가지 전략은 자기 관찰을 통해 우리의 행동을 더 의식하고 반사적 행동을 줄이는 것이다. 이를 위해 앞서 설명한 대로 계획을 세울 수도 있다. 하지만 슈퍼마켓에 갈 때 쇼핑 목록을 가져가고, 식탁에 앉아 접시에 담은 음식을 포크와 나이프를 이용해서 먹고, 일주일에 한 번 체중을 재러 동호회에 나가는 등의 간단한 방법들도 도움이 된다.

자기 관찰로 인해 지나치게 내적으로 집중하게 되면 신체에 나타나는 증상이나 건강에 대한 과도한 걱정으로 이어질 수 있기 때문에 문제가 될 수 있다. 하지만 습관을 바꾸고자 할 때는 초기의 행동 변화를 이끌어 내고 새로운 습관이 자리 잡을 때까지 이전의 방식으로 돌아가는 것을 막는 데 자기 관찰이 도움이 될 수 있다.

## 이 장을 정리하면

습관은 보통 어릴 때부터 확립되고, 심리적 요인과 환경적 유발 기제에 대한 반응으로 생겨난 것이기 때문에 바꾸기 힘들다. 8장에서는 식습관과 운동 습관을 바꾸는 데 활용할 수 있는 몇 가지 유용한 행동 변화 전략을 훑어보았다. 이러한 전략에는 학습된 행동 지우기, 인식 바꾸기, 해석하기, 계획 세우기, 동기 강화, 감정 활용, 자기 관찰 등이 있다. 다음 장인 다이어트를 잘 하기 위한 도구 모음에서 성공적인 다이어트를 위해 이러한 전략을 어떻게 직접적으로 활용할 수 있을지 보여 줄 것이다.

# 09

# 성공적 다이어트 실현을 위한 도구 모음

9장에서는 성공적인 다이어트에 가장 좋은 방법을 제시하기 위해 다양한 행동 변화 전략과 함께 실패한 다이어트와 성공한 다이어트에 대한 연구 문헌들을 종합적으로 살펴볼 것이다. 우리는 평생 지속할 수 있는 방식으로 우리의 사고와 행동을 바꾸어 실패로 이어지는 함정은 피하면서 성공 확률은 높여야 한다. 궁극적으로 이 모든 것은 새로운 건강 습관 확립과 관련 있으며, 그 과정은 건강에 해로운 기존의 습관을 고치는 것만큼이나 어려울 것이다. 이를 위해 표 9.1에 나온 5단계 접근 방법을 이용할 수 있다.

표 9.1 다이어트를 잘하기 위한 도구 모음: 5단계 접근 방법

| 성공적인 다이어트 | 다이어트를 잘하기 위한 5단계 | 전략 도구 모음 |
|---|---|---|
| 생활 사건 | 1단계 변화의 계기 찾기 | 위험을 기회로 다시 규정 |
| 변화 가능한 상황<br>손익 분석 변화<br>현재까지의 투자 | 2단계 생각 바꾸기 | 인지 재구성<br>증거 찾기<br>원인과 해결책에 관한 이야기 재규정<br>새로운 역할 모델 찾기<br>희망을 주는 이야기에 집중<br>강화<br>연상<br>이미지 활용<br>자기 관찰<br>계획 세우기<br>달성 가능한 목표 설정<br>현재 증상에 집중 |
| 새로운 행동 요법 | 3단계 새로운 행동 요법 만들기 | 모델링<br>반복<br>강화<br>연상<br>계획하기<br>자기 관찰<br>음식을 간식이 아닌 끼니로 재규정<br>이미지 활용 |
| | 4단계 주변 환경 관리 | 계획하기<br>자기 관찰<br>피하기 |
| 통제력 회복<br>새로운 정체성 | 5단계 성공을 향한 길 닦기 | 자기 관찰<br>주의 깊은 행동<br>외부의 책임<br>자기 연민<br>실패를 변화를 위한 기회로 재규정 |

## 1단계: 변화의 계기 찾기

생활 사건을 계기로 체중 감량과 유지에 성공하는 경우가 많다. 그러나 의도적으로 생활 사건이 일어나게 만들 수는 없기 때문에 성공적인 다이어트를 시도하려 할 때 이 부분이 문제가 된다. 하지만 일상에서 소소한 생활 사건들은 매우 흔하게 발생한다. 여러 가지 통증이나 고통, 우리가 할 수 있는 것들과 할 수 없는 것들의 변화, 생일이나 특별한 기념일, 휴가, 새 직장, 새집으로 인해 발생하는 주거지나 일상의 변화, 다른 사람들의 발언, 심지어 우리 주변인들의 삶의 변화 등이 그 예이다. 이 모든 사건들이 변화를 위한 기회를 제공한다.

사람들은 습성상 이러한 순간들을 흘려보내고 평소의 사고방식에 안주한 채 다시 편안함을 찾으려고 한다. 이러한 습성을 극복할 수 있는 비결은 우리 인생에서 이런 변화 중 하나를 잠재적 생활 사건으로 파악하는 것이다. 그리고 이러한 사건에 대해 생각해 보고, 집중하고, 글을 쓰고, 다른 사람들에게 이 사건에 대해 이야기하고, 변화의 기회로 삼는다. 의학계에서는 이러한 상황을 '깨달음을 얻을 수 있는 순간teachable moments'이라 부른다. 이때 의사는 환자에게 무언가 변해야 한다는 메시지를 전달한다. 삶 속에서 우리는 스스로 이러한 깨달음의 순간을 만들어 낼 수 있다. 변화가 일어날 수 있는 모든 기회에 집중하고 이러한 기회를 미래를 바꾸는 데 필요한 계기로 삼으면 된다. 이를 위해서는 삶에 대한 해석의 중요성을 깨닫고 일상을 혼란하게 만드는 모든 사건을 위협이 아닌 기회로 받아들여야 한다.

### 2단계: 생각 바꾸기

사고방식이 다이어트를 실패로도 성공으로도 이끌 수 있다. 체중을 감량하고 유지하기 위해서는 먼저 상황이 변할 수 있다는 믿음을 갖고, 더 건강한 삶의 방식과 관련한 손익 분석을 수정해야 하며, 마지막으로 체중 감량의 초기 단계에 투자했던 모든 것에 집중해야 한다. 이를 위해 다음 방법들을 실천해 볼 수 있다.

## 상황이 변할 수 있다고 믿는다

많은 사람들은 자기 체중의 생물학적 모델에 관심을 가진다. 그래서 현재 자신의 모습이 집안 내력, 유전, 당뇨, 호르몬 등 때문이라고 믿는다. 이와 같은 모델은 모두 절망감과 무력감을 자아내기 때문에 결국 아무 행동도 안 하게 된다. 이러한 믿음이 정말 사실인지는 중요치 않다. 체중을 감량하고 싶다면 자신이 할 수 있다고 믿어야 한다. 그러기 위해서는 자기 체중은 내가 그동안 했던 행동의 결과이며, 자신의 행동이 변할 수 있다고 믿어야 한다. 이를 위해 인지 재구성과 인지 행동 치료 또는 새로운 역할 모델 찾기를 시도해 볼 수 있다.

인지 행동 치료법은 스스로 활용할 수도 있다. '내 체중은 유전 때문이고 내가 할 수 있는 게 없다'고 생각한다면 "내가 살이 빠진 적이 있나?" 그리고 "내가 살이 찐 적이 있나?" 하고 자문해 본다. "작년에 스페인에서 휴가를 보내면서 체중이 늘었어." 그리고 "독감에 걸린 뒤로 살이 빠졌어."라는 대답이 나오면 그다음에는 "왜 그랬지?" 하고 생각해 본다. "스페인에서 살이 찐 건 매일 밤 외식을 했는데 음식이 끝내줬기 때문이야.", "독감에 걸렸을 때 꼬박 일주일을 누워 있었는데 입맛이 없었기 때문에 살이 빠진 거야."와 같은 답이 나올 것이다. 그러면 체중과 행동이 연결되어 있다는 사실과, 더 먹으면 체중이 증가하고 덜 먹으면 체중이 감소한다는 사실이 명확해진다. 이제 행동이 체중 변화와 관련이 있다는 증거를 더 찾다 보면 "임신 중에는 항상 허기가 져서 더 먹을 수밖에 없었어." 혹은 "직장을 옮기고 체중이 불어난 이유는 새 직장의 휴게실에 항상 케이크가 있었기 때문이야." 또는 "지난 휴가 때는 간식을 줄여서 체중이 줄었는데 매일 조식을 제공하는 호텔에 묵으면서 다시 쪘지."와 같이 다른 많은 예를 찾을 수 있다. 결국 체중은 변할 수 있고 이 변화는 행동을 통해 일어날 수 있다는 사실이 명확해진다. 일단 이러한 믿음이 생기면 체중에 대해 절망감이나 무력감을 덜 느낄 것이고 변화할 가능성이 높아진다.

새로운 미래에 대한 희망을 줄 수 있는 새로운 역할 모델을 찾으면 변할 수 있다는 믿음이 생길 수 있다. 우리는 다양한 사람들의 이미지와 이야기를 담은 미디어에 둘러싸여 있다. 일상에서도 자신의 삶을 색다른 방식으로 관리하는 사람들을 직접 보거나 알고 있고, 이들에 대한 이야기를 전해 듣기도 한다. 그중 일부는 변화가 얼마나 어려운지를 보여 준다. 체중 감소에 있어 다이어트에 실패하고 다시 체중이 불어난 예는 끝이 없다. 그러나 사람들에게 영감을 주고 변할 수 있다는 희망을 주는 성공담 또한 존재한다. 이러한 희망적인 이야기에 집중하고, 성공한 사람들을 역할 모델로 삼아 이들에게서 배우고, 이들을 지켜보고, 이들에 대해 이야기해야 한다. 이렇게 역할 모델을 찾고 새로운 희망을 가짐으로써 실제로 성공 가능성에 대해 생각할 수 있다.

## 얻는 것과 잃을 것에 대한 생각 변화

기본적으로 우리는 그 순간에 행동을 해서 얻는 이익이 손실을 뛰어넘으면 그 행동을 한다. 다이어트에 성공하려면 두 가지 주요 변화가 필요하다. 첫째는 손익 분석 자체이고 둘째는 분석의 타이밍이다.

### 손익 분석 변화

보다 장기적으로 다이어트에 성공하려면 건강한 식습관

(그리고 덜 먹는 것)이 주는 이익이 건강에 해로운 식습관(또는 더 먹는 것)이 주는 이익을 넘어서야 한다. 뿐만 아니라 건강에 해로운 식습관으로 인한 손실이 이익을 넘어선다는 생각이 들도록 손익 분석을 수정해야 한다! (신체 활동도 마찬가지이다!) 다양한 결과에 대한 보상 체계와 강화 과정을 확립하는 등의 전략을 통해 '건강한 식습관이 가져다주는 이익'을 증가시킬 수 있다. 이를 위해 체중 변화와 관련이 있는 다양한 행동에 대한 상세하고 달성 가능한 일련의 목표를 세워야 한다. 노력(제대로 먹으려고 노력하기, 운동하려고 노력하기, 노력하는 것을 기억하기, 지원 단체에 나가기, 친구와 가족에게 도움 청하기), 쇼핑 습관(식사 계획하기, 요리 재료 구입하기, 건강에 더 좋은 물품 구입하기), 요리 습관(가능한 재료 구입부터 시작해서 요리하기, 집밥 먹기, 간편식이나 포장 음식 먹지 않기, 요리해서 식사하기), 식습관(건강에 더 좋은 식사를 준비하기, 과일과 채소 더 먹기, 지방 덜 먹기, 군것질하지 않기, 아침 먹기), 체중 변화(스스로 체중 재기, 체중 감량), 마음 상태(긍정적인 기분, 체중뿐 아니라, 동기 부여, 신체 이미지, 자존감을 위해서도 달성 가능한 목표 세우기) 등이 이러한 목표가 될 수 있다. 그다음에는 이 중 '한 가지 목표라도' 달성되면 어떤 종류든 자신에게 효

과가 있는 강화 수단을 이용해 정기적으로 보상을 해야 한다. 냉장고에 붙여 놓은 칭찬 스티커 표에 스티커를 붙이거나 돈이나 파스타 한 조각을 병에 넣거나, 목록을 만들어 웃음 표시나 체크 표시를 하거나, 친구에게 전화를 걸어 자신이 얼마나 잘하고 있는지 이야기를 하는 등 여러 방법이 있다. 그러고 나서 스티커, 돈, 파스타 조각, 체크 표시, 웃음 표시, 전화 횟수가 충분히 쌓이면 따뜻한 물로 목욕을 하거나 쇼핑을 하거나 하룻밤 외출을 하는 등의 훨씬 '더 좋은' 것으로 보상을 해 주어야 한다. 마찬가지로, 자신의 행동을 강화하기 위해 영양사, 상담 전문가, 영양학자, 체중 관련 단체의 지도자나 체중을 줄이려고 노력하는 다른 사람들로부터 도움을 받을 수 있다. 이런 방식으로 '바람직한 행동'이 강화되면 건강한 식습관의 이익은 증가할 것이다. 또한 충분히 다양한 목표를 세우면 항상 보상해 줄 것들이 생길 것이다.

마찬가지로 다양한 목표(계단 이용하기, 에스컬레이터 걸어서 오르기, 걸어서 출근하기, 산책하기, 헬스클럽 다니기, 달리기하기, 스포츠 경기 하기)를 세우면 '더 많이 활동하는 것의 이익'도 증가할 수 있다. 이러한 목표는 달성 후 보상을 통해 강화될 수 있다. 우리는 모두 비판보다는 긍정적 강화를 통해 더 큰 동기 부여를 받는다. 따라서 목표를 세우고 성공하면 실패했을 때보다 더 강한 격려가 된다. 그렇기 때문에 다양한 목표를 세우면 보상받을 확률이 더 높아지고 그 행동을 계속하게 될 가능성도 높아진다.

이러한 손익 분석 변화는 '건강에 해로운 식습관으로 인한 손실 비용'을 부각시키는 역할도 하기 때문에 손실이 이익을 넘어서기가 더 쉬워진다. 이런 손실은 대부분 미래에 발생하므로 무시하기가 쉽지만(아래 참조) 이 손실을 더 뚜렷이 드러나게 할 몇 가지 전략이 있다. 한 가지 핵심적인 방법은 감정을 이용하여 과체중의 잠재적 결과가 불쾌하거나 해롭고, 심지어 무섭다고 느껴지게 만드는 것이다. 이를 위해 체지방이 어떻게 우리의 장기를 둘러싸고 압박하고 있는지 체지방의 이미지를 찾아보거나, 막혀 있는 동맥의 사진을 찾아보고 이 상태가 우리 심장에 어떤 해를 입히는지 알아볼 수 있다. 체지방에서 분비되는 호르몬 때문에 자궁 내 에스트로겐 수치가 과다하게 높아지고 췌장이 제 기능을 못하게 되어 암이나 당뇨병에 더 취약해진다는 사실에 대한 글을 읽어 볼 수도 있다. 또는 관절 외상에 관한 웹사이트를 찾아 계단을 오를 때마다 무릎에 열 배의 체중이 가해진다는 사실과 이로 인해 과체중이 무릎 통증을 유발하며, 결국 무릎 관절을 손상시킨다는 사실을 알아볼 수 있다. 이러한 이미지들은 감정적 반응을 유발할 수 있고 손익 분석의 변화를 가져와 행동 변화에 도움이 될 수 있다. 마찬가지로 건강에 해로운 행동에 따른 손실을 강조함으로써 인지 부조화의 감정을 불러일으킬 수도 있는데, 인지 부조화는 불편한 감정이기 때문에 이를 해소하기 위해 변하려는 욕구가 생길 수 있다. 하지만 부정적인 감정이 너무 심해지면 사람들은 이러한 감정을 외면하게 되고 본인이 알고 싶지 않은 정보를 차단해 버릴 수 있다. 이를 방지하기 위해서는 우선 자신을 긍정적으로 생각하는 것이 도움이 된다. 구체적으로 자기 가치 확인(자신의 장점 열 가지를 떠올려 보기)이나 감사한 마음 갖기(인생에서 감사한 것 열 가지 찾기) 등의 방법을 이용할 수 있다. 이런 식으로 감정적인 정보를 찾으면 보다 건설적인 방법으로 정보를 처리할 수 있을 것이다.

### 손익 분석의 타이밍

건강에 해로운 행동이 주는 손실은 대부분 먼 미래에 발생하며 즉각적인 이익이 항상 더 크게 다가오기 때문에 손실은 무시하게 된다. 다이어트에 성공하려면 건강에 해로운 식습관으로 인한 손실이 '발생하는 시점'을 현시점으로 옮겨야 하며 이를 위해 여러 방법을 시도해 볼 수 있다. 예를 들어 건강에 해로운 음식이 매력적이기보다는 혐오스럽고 불쾌하게 느껴지도록 여러 음식의 의미를 바꾸어 볼 수 있다. 심장병, 장기를 둘러싼 체지방, 암 또는 당뇨 합병증으로 인한 절단 수술 등의 이미지를 이용하여 다양한 음식이 연상시키는 이미지를 바꾸면 된다. 그러면 건강이 나빠서 얻게 되는 결과를 훨씬 더 즉각적으로 느낄 수 있다. 숨이 차거나, 무릎 관절·엉덩이·허리 통증이 느껴지거나, 바닥에 앉았다 일어나기, 계단 오르기 또는 버스를 잡으러 달려가기가 어렵다거나 하는, 우리에게 나타날 수 있는 신체 증상에 집중하는 것도 도움이 된다. 20년 후의 심장 마비를 무시하기는 쉬울지 몰라도 증상이 현재 나타나고 있다면 무시하기 힘들다. 탄산음료와 패스트푸드의 설탕 함량, 포장 음식의 지방 함량, 간편식에 함유된 첨가제 숫자 등 식사에 들어간 재료의 이미지도 도움이 된다. 이런 정보는 스마트폰에 어플리케이션을 설치하거나 인터넷 검색을 통해 찾아볼 수 있다. 이렇게 찾은 정보들은 건강에 해로운 행동이 초래하는 손실에 대한 생각을 바꾸는 데 도움이 될 것이다. 뿐만 아니라 실제 생활이나 텔레비전과 라디오에서 접하는 다른 사람들의 심각한 건강 상태에 주목하고 그들의 행동이 어떻게 질병을 초래했는지에 대해 깊이 생각해 보는 것도 도움이 될 수 있다. 2016년에는 건강에 해로운 생활 방식을 고수했던 많은 로큰롤 스타들이 사망함으로써 질병과 행동의 연관성이 한층 부각되었다. 긍정적인 역할 모델이 상황이 바뀔 수 있다는 생각을 하게 해주듯, 건강에 해로운 생활을 한 사람들을 눈여겨보면 과체중이 초래하는 보다 장기적인 결과가 새삼 현실로 다가오고 무시하기 힘들어진다.

## 투자에 집중하기

다이어트에 대한 한 연구 결과에 따르면 약 60%에 달하는 사람들이 다양한 체중 조절 전략을 이용해 다이어트 초반에 체중을 감량한 것으로 나타났다.[37] 다이어트 초반에는 어릴 때부터 몸에 배인 행동을 바꾸고 지금까지와는 다른 새로운 식습관을 학습해야 하기 때문 엄청난 노력이 필요하다. 한 연구에 따르면 초반의 감량을 장기적으로 유지하기 위한 핵심적인 방법 중 하나는 체중 감량 초기 단계에 들였던 투자에 주목하는 것이다. 위약에 대한 연구를 보면 치료를 위해 더 많은 노력을 들여야 할수록(예를 들어 종교적 치료사를 찾아가기가 복잡할수록, 알약의 크기가 클수록, 수술을 받은 경우에 돈과 시간이 더 많이 들수록) 위약의 효과가 더 뛰어나다는 사실을 알 수 있다. 또한 다이어트에 성공한 사람은 자신이 투자한 것에 대해 더 잘 인식하고 있다. 그러므로 우리의 생각을 바꾸기 위해 필요한 세 번째 방법은 초반의 체중 감량을 위해 많은 투자가 필요했다는 사실을 더 많이 인식하는 것이다.[91] 이를 위해 자신이 체중 감량을 위해 했던 노력과 어려웠던 일을 일기에 적어 자기 관찰을 할 수 있다. 또 힘들었던 날들과 어떻게 견뎌 왔는지를 상기시켜 줄 사진을 활용하는 방법도 있다. 아니면 다른 사람들에게 얼마나 힘들었는지 이야기한 후 자신에게 정기적으로 상기시켜 달라고 부탁하기도 한다. 이도 아니라면 단순하게 체중 감량을 하면서 어려웠던 모든 점을 목록으로 만들어 냉장고에 붙여 놓고 이를 주기적으로 읽으며 상기해 본다.

결론적으로 다이어트를 잘하기 위한 두 번째 단계는 생각을 바꾸어 상황이 변할 수 있다고 믿고, 손익 분석을 수정하고, 초반 체중 감량을 위해 들여야 했던 투자에 집중하는 것이다. 이러한 변화를 꾀하기 위해서는 강화, 모델링, 인지 재구성, 이미지, 인지 부조화, 자기 관찰, 계획 세우기 등 다양한 행동 변화 전략을 활용할 수 있다.

## 3단계: 새로운 행동 요법 만들기

실패한 다이어트와 성공한 다이어트를 조사한 연구에 따르면 체중을 감량하고 유지하기 위해서는 새로운 행동 요법이 필요하다. 이 새로운 요법은 무엇을, 어디서, 언제, 왜 먹을 것인지와 관련해 다음과 같이 이해할 수 있다.

## 무엇을 먹을까

미디어를 보다 보면 건강한 식단을 구성하기 위한 영양학적 충고는 어차피 계속 변하기 때문에 우리가 접하는 정보도 신뢰할 수 없다는 믿음을 갖게 된다. 구체적인 내용은 여전히 논란이 있지만 큰 줄기를 보면 지난 30여 년간 건강한 식단에 대한 개념은 상당히 일관되었다. 건강 식단은 과일과 채소 비중이 높고, 현미, 현미 파스타, 흑빵 등 통곡물의 복합 탄수화물 비중이 높다. 육류, 어류, 콩류의 단백질 양은 중간 정도, 지방 비중은 낮고, 케이크, 초콜릿, 사탕 등 설탕 첨가 식품의 비중은 매우 낮게 구성되어 있다. 건강한 체중을 유지하고 건강에 해로운 식단이 초래하는 모든 질병을 피하고자 한다면 이러한 식단을 따라야 한다. 건강한 식습관이라는 목표는 동일하게 적용된다. 하지만 체중 감량을 위해서는 추가적으로 매일 섭취하는 에너지의 양이 사용하는 에너지의 양보다 적어야 한다. 이러한 목표는 대체로 더 적게 먹는 것과 관련이 있으며 서점에 깔린 수백 권의 다이어트 책자 속에 나와 있는 수없이 많은 방법을 통해 실현할 수 있다. 하지만 전반적으로 덜 먹는 식습관을 장기적으로 유지하기 위한 최선책은 지방 섭취를 줄이는 것임이 입증되었다. 그러려면 과일과 채소 섭취를 늘리고, 열량 섭취를 관찰하고(열량을 계산하고), 건강하고 균형 잡힌 식단을 따르고, 일주일 내내 일관된 일상을 유지하고, 신체 활동을 더 늘리고, 매일 아침을 먹어야 한다. (오전 중에 보충하지 않고 점심 때까지 버틸 수만 있으면 가끔 아침을 거르는 것도 도움이 된다는 증거도 일부 있기는 하지만.)[92] 기본적으로 체중을 감량하려면 평소보다 덜 먹어야 한다. 이를 실현하기 위한 몇몇 검증된 방법이 있지만 우선 자신의 생활 방식과 각자의 필요에 맞는 방법을 찾아야 한다. 모두에게 두루 적용될 수 있는 기적과 같은 방법은 없다. 하지만 어디서, 언제, 어떻게 먹을 것인지를 조절하면 확실히 도움이 된다.

### 어디서 먹을까

현대 사회에서는 깨닫지 못한 상태에서 과식하기가 쉽다. 그 이유는 회의 사이사이에 또는 차에서 '다른 일을 하면서' 먹거나, 책상 앞에 앉은 채로 급하게 먹거나, 저녁마다 텔레비전을 보며 먹기 때문이다. 그 결과 대부분 무의식적으로, 생각하지 않고 음식을 섭취하게 된다. 다시 말해 먹고 있다는 사실을 인식하지 않기 때문에 결국 포만감을 느끼지 못한다. 먹는 장소가 음식 섭취에 미치는 영향에 대해 일련의 연구를 진행한 결과, 텔레비전 앞에서 정신이 산만할 때 더 먹고, 복도를 걸으며 간식을 먹은 경우 나중에 더 먹고, 식탁 앞 의자에 앉아서 접시, 나이프, 포크를 사용해서 먹을 경우 포장 용기에 든 음식을 플라스틱 포크를 이용해 서서 먹었을 때보다 덜 먹는 것을 알 수 있었다.[93] 실제로, 먹은 음식이 '끼니'가 아니라 '간식'인 경우, 먹은 양은 똑같더라도 나중에 더 먹는 것으로 나타났다! 그러므로 먹는 것을 자각하며 먹을 수 있고, 지금 '식사 중'이라고 생각하며 먹을 수 있도록 식탁에 앉아서 먹는 것이 최선책으로 보인다. 그러면 감정적 섭취를 제한하는 데 도움이 되고 자신이 무엇을 하는지 자기 관찰도 할 수 있다.

### 언제 먹을까

허기가 져서 먹는 것 외에도 우리가 먹는 이유는 참 많다.

심심하거나, 특별한 선물이 필요하거나, 위로받고 싶어서 먹기도 하고 다른 사람이 먹으니까 따라 먹기도 한다. 이런 식의 음식 섭취 또한 모두 과식으로 이어질 수 있다. 그러므로 덜 먹기 위해서는 실제로 배가 고플 때를 알아내서 그 때만 먹는 것이 제일 좋겠지만 음식이 우리 인생에서 하고 있는 많은 역할을 감안하면 어려운 일이다. 이 과정에서 하루 중 특정 시간에만 먹고 각 끼니 때마다 언제, 무엇을 먹을 것인지 계획해서 먹으면 여러모로 도움이 된다. 계획된 식사는 첫째, 목표 설정의 기본 틀로 행동 변화에 도움이 된다. 둘째, 자기 관찰을 함으로써 무의식적 섭취를 막고 먹을 때 다른 곳에 주의를 돌리지 않도록 해 준다. 셋째, 주로 환경적 요인으로 인해 먹게 되는 간식을 피할 수 있다. 마지막으로, 끼니 사이에 생겨나는 공복감을 받아들이도록 학습하고, 이 느낌을 두려워하기보다 반기고, 배가 고플 때 식사를 하면 만족감이 훨씬 크다는 사실을 학습하게 해 준다.

### 왜 먹을까

결론적으로 우리는 무엇을 먹을지 계획하고, 먹는 장소를 바꾸어 식탁 앞에 앉아, 끼니로 인식하고, 미리 계획하고 예상할 수 있는 특정 시간에 먹어야 한다. 이렇게 하면 심리적 요인이나 환경적 유발 기제에 반응해서 자동으로 먹을 수 없기 때문에 왜 먹는지도 바뀔 수밖에 없다. 이 모든 일이 초반에는 더 많은 생각과 조정이 필요하지만 결국에는 이를 통해 음식이 우리 삶의 중심에서 벗어나게 된다. 그리고 우리는 먹는 것에 대한 집착을 떨쳐 버릴 수 있게 된다.

다이어트를 잘하기 위한 이 세 번째 단계는 새로운 식이요법을 확립하는 것이며 이러한 식이 요법은 새로운 습관이 되어 우리가 미래를 헤쳐 나갈 수 있게 도와줄 것이다. 그러기 위해서는 무엇을, 어디서, 언제, 왜 먹을 것인지가 바뀌어야 한다. 따라서 더 주의 깊게 먹고 음식을 간식이 아닌 끼니로 재해석하기 위해 계획을 하고 자기 관찰을 하는 등 다양한 전략을 세워야 한다.

## 4단계: 주변 환경 관리

우리의 행동은 분명히 심리적 요인과 환경적 유발 기제에 대한 반응이다. 외부 요인을 무시하고 무엇을, 어디서, 언제, 왜 할 것인지 위에 설명한 바와 같이 계획대로만 할 수 있게 우리 모두가 생각을 바꿀 수 있으면 이상적일 것이다. 하지만 계획대로 하기 어려울 수도 있고, 가정 환경과 외부 환경을 관리하는 등 추가적인 도움이 필요할 수도 있다.

### 더 건강하게 가정을 바꾸는 네 가지 방법

가정 환경은 성인인 우리의 책임이다. 우리는 차도 있고, 돈도 있고, 쇼핑도 하고, 요리도 하고, 가구도 구입하고, 하루 일과를 어떻게 구성할지도 결정한다. 그러므로 무엇을, 언제, 어디서, 왜 먹을지 계획한 대로 가능한 쉽게 따를 수 있게 가정 환경을 관리해야 한다. 이를 위해 많은 방법을 모색해 볼 수 있겠지만 대부분은 목록, 계획, 자기 관찰, 목표, 규칙적 일상과 연관이 있다! 첫째, 먹으려고 계획한 음식만 집에 들여야 한다. 먹기 싫으면 사지 않는다. 한 주의 식사 계획을 짜서, 간식이 아닌 각 끼니의 재료 목록을 작성하고, 이 재료만 구입해서 집에 가져온다. 배가 부를 때 장을 보고, 슈퍼마켓에 가면 탄산음료, 사탕, 초콜릿, 케이크가 있는 통로를 돌지 않는다. 그리고 웬만하면 음식을 사러 갈 때는 어린아이를 데려가지 않는 것이 도움이 된다. 둘째, 먹을 장소를 선택해야 한다. 텔레비전이나 컴퓨터에 빠져들기 힘든 장소가 좋다. 시간이 갈수록 식사와 특정 장소가 서로 연상되어 다른 곳에서 먹는 것이 어색해져야 한다. 단순한 반복을 통해 식탁에서만 먹는다는 생각이 점차 자연스러워질 것이므로 일정한 장소에서 먹는 데 익숙해진다. 셋째, 언제 먹을지를 선택해야 한다. 현대 생활은 바쁘고, 복잡하고, 혼란스러울 때가 많고 특히 많은 사람들과 연관되어 있을 경우에 그렇다. 하지만 가능하면 계획을 세워 아침, 점심, 저녁, 하루 세끼를 먹는다. 늦은 저녁보다는 이른 저녁을 먹고, (저녁을 늦게 먹으면 지방이 더 많이 쌓이고 수면에 방해가 된다.) 식사는 식탁 앞에 앉아서 하며 식사를 할 때 '식사'를 하고 있다고 스스로에게 말한다. 가능한 이 규칙을 철저히 지킨다. 식사 시간이 다가올 때 느끼는 공복감은 식사를 더 즐겁게 만들기 때문에 좋은 느낌이며 식사 후에는 사라진다는 사실을 학습한다. 이렇게 계획된 식사 시간이 이내 새로운 표준으로 자리 잡으면 식사 시간 외에 먹는 것이 이상하게 느껴질 것이다. 마지막으로, 무엇을 먹을지를 바꾸는 방법 중 하나로 과일과 채소 섭취량을 늘려야 한다. 과일과 채소는 건강에 좋을 뿐 아니라 공복감을 없애 주고, 고지방, 고열량식이나 간식을 피할 수 있게 해준다. 그렇기 때문에 과일과 채소를 더 많이 사서 집에 들여놓아야 하는데 섭취량을 늘리기 위해서는 쉽게 손이 닿는 곳에 두어야 한다. 감자 칩이나 비스킷 같은 기존의 간식을 먹는 것은 좋지 않지만, 무심결에 포도나 사과에 손이 가서 먹는 것은 권장 사항 대로 하루에 다섯 그릇을 먹기에 좋은 방법이다. 그렇기 때문 과일 그릇을 사서 과일을 채워 쉽게 손이 닿는 곳에 두도록 한다.

하지만 가정 환경을 관리하기가 쉽지 않을 때도 있다. 자신이 주도적으로 장을 보고 요리를 할 입장이 아니거나, 무엇을 언제 먹을지에 대한 자신만의 시각을 가진 사람들을 위해 요리를 해야 하는 경우이다. 이러한 경우는 문제가 될 수 있는데, 몇 가지 가능한 해결책을 예로 들면 다음과 같다. 건강한 식습관이 주는 이익과 건강에 해로운 식습관이 초래하는 손실을 다른 사람들에게 이해시킨다. 이들이 이에 대해 호응하면 칭찬과 미소로 보상한다. 이들이 요리하는 방식을 바꾼다면 대신 다른 일을 도와주겠다고 하고,

요리와 장보기를 거들겠다고 제안한다. 위에서 설명한 모든 기술을 동원해서 건강한 식습관이 얼마나 중요한지 이해하도록 도울 수 있다.

### 외부 환경에 대응할 수 있는 전략

가정 환경에 비해 외부 환경은 관리하기가 훨씬 힘들다. 우리가 어디에서 살고, 일하고, 장을 보고, 사회 관계를 맺는지에 따라, 그리고 우리의 생활 방식에 따라 외부 환경의 위험 지대는 굉장히 다양하다. 그렇지만 여러 가지 전략을 활용해 외부 환경으로 인해 더 먹고 덜 움직이게 되는 경로를 제한할 수 있다. 이 전략들도 대부분 계획, 목표, 자기 관찰, 규칙적 일상을 필요로 하며 피해야 할 것 또한 많다. 예를 들어 어떤 식당은 고지방, 고열량의 패스트푸드를 팔고 다른 일을 하면서 식사를 하도록 부추긴다. 그러니 그런 곳엔 가지 말아야 한다. 그러면 유혹을 느낄 일도 없을 것이다. 일부 회사는 기념할 일이 있을 때마다 케이크 카트, 비스킷 통, 큰 사탕 상자를 배치해 둔다. 회사에 이런 관행을 없애자고 제안하라고 권하고 싶다. 이 제안이 받아들여

지지 않으면 이것들을 피해 갈 수 있는 길을 사무실 주위에 개척하거나 눈에 더 안 띄는 곳에 두게 할 수도 있다. 대부분의 식당은 간소하고 성에 안 차는 곁들임 샐러드부터 취향을 저격하는 고급 음식에 이르기까지 다양한 식사를 제공한다. 친구들에 둘러싸여 식탁에 앉았을 때 이들이 가하는 집단적 압력이 최고조에 달하면, 우리가 내리는 결정도 이 주변 사람들의 지배를 받게 마련이다. 하지만 미리 메뉴를 보고 계획을 세울 시간과 공간을 확보해 자신이 고른 메뉴를 파악할 수 있다면, 충동적으로 선택하거나 다른 사람들의 결정에 휘둘려서 선택하기보다는 자신이 좋아하고 포만감이 들면서도 자신의 규칙적 일상에 잘 맞는 음식을 선택할 수 있다. 마지막으로, 탄산음료, 사탕, 비스킷이 진열된 통로와 갓 구워낸 케이크로 신선한 향을 풍기는 제과점이 있는 슈퍼마켓도 문제가 될 수 있다. 하지만 자세한 쇼핑 목록(간식이 아닌 식사 재료)을 작성하고 위험 지역을 피하고 배가 고플 때 쇼핑하지 않는 전략을 통해 이 또한 해결할 수 있다.

이와 같이 다이어트를 잘하기 위한 네 번째 방법은 가정과 외부 환경을 관리하는 것이다. 우리 모두 이러한 환경적 유발 기제를 처리하는 데 도움이 될만한 인지 전략을 갖추고 있으면 더할 나위 없이 좋겠지만 때로는 그저 피하는 것이 더 쉽다. (더 효과적이기도 하다.)

## 5단계: 성공을 향한 길 닦기

성공적인 체중 감량과 유지를 위한 마지막 단계는 성공을 위한 길을 닦아 통제감을 회복하고, 궁극적으로 더 날씬하고 건강한 사람으로서의 새로운 정체성을 획득하는 것이다. 그러자면 위에 설명한 모든 단계를 계속 실천해야 한다. 뿐만 아니라 실패에 대응할 수 있어야 하고 재창조의 과정도 거쳐야 한다.

### 다이어트 실패에 대비하기

아무리 결의에 차고, 체계적이고, 동기 부여를 받고, 이 책에서 제안하는 전략 하나하나를 그대로 실행하려고 매일 노력한다고 해도, 원하는 것보다 더 먹고 헬스클럽 강습 시간을 놓치고 체중계의 눈금이 슬그머니 올라가기 시작하는 것을 보게 될 때가 반드시 있기 마련이다. 이런 일이 절대 없을 거라는 착각보다는 이런 일이 닥쳤을 때를 대비해 일련의 전략을 마련해 놓는 것이 상책이다. 그러면 한 번의 실수 때문에 원래 습관으로 완전히 되돌아가지 않을 것이고 '무슨 상관이람' 효과도 피할 수 있으며 자존감도 손상되지 않을 것이다. 효과를 발휘할 수 있는 몇 가지 전략이 있다.

### 위험이 높은 상황에 어떻게 대처할지 계획을 세우기

식사 약속, 특별한 날을 기념하는 행사, 휴가, 피곤하거나 우울할 때와 같이 관리가 더 힘든 때와 장소는 항상 있다. 이런 상황을 극복하려면 미리 이런 상황이 어떨지 그려 보고, 그 상황 속에 들어가 어떤 기분이 들지 생각해 본다. 그런 후에 무슨 말과 행동을 할지 계획을 세운다. 그러면 이런 상황이 실제로 벌어졌을 때 대처를 더 잘할 수 있고 자동으로 오랜 습관에 다시 빠져들 위험도 줄어든다.

### 자신이 아닌, 상황을 탓하기

미리 세운 전략이 통하지 않아 과식을 하거나 마음먹은 만큼 신체 활동을 하지 못할 때가 있을 것이다. 이럴 때 가장 흔히 보이는 반응이 자신을 탓하는 것이다. 그런데 이렇게 되면 부정적인 기분이 들고 자존감도 낮아져서, 결국에는 쉽게 더 먹고 덜 움직여 계속해서 추락하게 된다. 자신을 탓하기보다 원망할 수 있는 다른 대상을 찾는 것이 더 나은 해결책이다. 음식을 요리해 준 사람, 결혼식이었다는 사실, 업무 스트레스 때문에 먹을 수밖에 없었던 상황, 휴가가 필요했던 상황 등을 탓한다. 그러면 자존감에 상처를 입지 않고 곧장 다이어트를 다시 시작할 결심을 할 수 있다.

### 자신에게 친절하기

자기 연민과 자기 용서가 변화를 보다 장기적으로 유지하는 비결이다.[94] 자신의 사고방식을 개선하고 주변 환경을 관리하는 일은 중요하지만 제대로 안 된다 하더라도 자신에게 친절해야 한다. 그래야 자존감에 상처를 입지 않을 수 있고 장기적으로 성공 가능성이 더 높아진다. 일부 연구자들은 '자기 합리화'라는 용어를 만들어 '딱 이번 한 번만.'이라거나 '별 탈 없을 거야.' 혹은 '내일은 다시 제대로 지킬 거야.' 하고 말하면서 사람들이 일상적인 행동에서 저지르는 실수를 어떻게 정당화하는지 보여 주었다. 이런 수준의 지나친 친절함은 우리가 세운 목표를 달성하지 못하게 방해하기 때문에 도움이 되지 않는다. 다만, 항상 열심히 노력하고 언제나 계획을 철저히 지키다가 가끔 그러지 못하는 경우에는 자신을 용서하고 왜 그런 일이 발생했는지 이해하고 계속 앞으로 나아가는 것을 목표로 삼아야 한다.

### 실패를 배움의 기회로 삼기

자기 연민은 실패를 표현하는 방식이기도 하며, 자기 연민의 핵심은 상황에 대한 해석이다. 사실상 '실패'라는 말은 가혹하고 비판적이기 때문에 그 자체만으로도 문제가 될 수 있다. 따라서 배움의 기회라고 표현하는 것이 훨씬 나을 것이다. 원하던 대로 행동하지 못했을 때에는 이런 실수를 야기한 상황을 냉철하게 평가해야 한다. 주변에서 벌어지고 있던 일을 파악하고 그때 어떤 기분이었는지, 무슨 생각이 들었는지 되돌아본다. 거기에 더해 장차 이러한 상황과 다시 마주쳤을 때 어떻게 하면 더 잘 헤쳐 나갈 수 있을지 생각해 내야 한다.

### 지금까지 이룬 모든 성과를 기억하기

음식에 대해 어떤 생각이 드는지, 어떻게 느끼는지, 덜 먹고 더 움직이려는 시도와 성공, 체중 감량은 했는지를 기준으로 삼는다. 이러한 성과에 집중하면 성공적인 다이어트를 위한 투자를 최대한 활용할 수 있다. 뿐만 아니라 계속해서 노력할 수 있는 추진력을 얻을 수 있고, 변할 수 있다는 자신감을 유지하는 데도 도움이 될 것이다. 그러므로 성공을 향한 길을 닦는 첫 번째 단계는 실패를 긍정적이고 건설적인 방식으로 다루는 법을 배우는 것이다. 이는 지금까지 이룩한 모든 성과를 바탕으로 실패를 배움의 기회로 삼기 위한 것이다. 마지막 단계는 새로운 정체성을 만들어내는 데 가장 중요한 재창조의 과정이다.

### 새로운 나를 인식하는 재창조의 과정

체중을 감량한 후에도 사람들은 자신이 아직도 과체중이라고 여긴다. 특대 사이즈 의류 매장을 배회하고, 탈의실에 더 큰 옷을 가지고 들어가서 그 옷이 맞지 않거나 쇼윈도에 비친 자신이 더 날씬한 것을 보고 놀란다고 하는 경우가 많다. 또한 새로운 자신감이 생기고 예전의 자기 자신이라는 '망령'이 사라지려면 시간이 좀 걸린다고 말한다. 하지만 여러 연구 결과들이 시사하는 바에 따르면, 성공적인 다이어트를 장기적으로 지속하기 위해서는 재창조의 과정이 필요하다. 더 날씬하고, 더 활동적이며, 더 건강한 사람으로서의 새로운 정체성을 만들어 내야 하는 것이다. 그 이유는 아마도 자신을 계속해서 뚱뚱했던 사람이라고 여기면 다시 예전의 습관대로 행동하고 이전 체중으로 돌아가기가 훨씬 더 쉽기 때문일 것이다. 그렇다면 재창조는 어떻게 이루어지는가?

**투자하기**

지금에 이르기까지 기울였던 모든 노력에 집중하는 것이 가장 중요하다. 우리는 치료를 받는 데 더 많은 노력이 필요할수록 치료 효과가 더 크다는 사실을 알고 있다. 체중 감량을 위해 엄청난 노력을 들여야 한다는 사실을 감안하면 그 노력에 대해 인식하고, 인정하고, 주목해야 한다. 이러한 인식을 바탕으로 우리는 계속 노력할 수 있는 추진력을 얻을 수 있고 이전으로 돌아가기 더 꺼려질 것이다.

### 공개하기

나 자신을 위해 세운 계획이라도 타인을 동참하게 만든다. 자신이 하고자 하는 바를 타인에게 이야기하면 그 계획을 어기는 것이 더 힘들어진다. 결과적으로 실현 가능성이 더 높아진다. 마찬가지로 여러 사람들과 함께 성공을 기념하면 이전으로 돌아가기가 더 어려워진다. 그렇기 때문에 자신이 성취한 것을 모두 공개해야 한다. 더 주의 깊게 장을 본 것, 직접 요리해서 식사하는 비중을 늘린 것, 식탁에 앉아서 먹은 것, 더 활동적인 것, 더 걸은 것, 더 많이 움직인 것, 달리기한 것, 헬스클럽에 다닌 것, 체중을 감량한 것 등 어떤 것이라도 좋다. 그 후에는 노력을 멈추지 않고 예전으로 돌아가지 않겠다는 자신의 결심을 여러 사람에게 이야기한다. 그러면 자신뿐만 아니라 다른 사람들과도 계약을 맺는 것이기 때문에 이러한 결심을 어기는 것이 더 힘들어질 것이다.

### 새로운 삶 살기

마지막으로, 재창조의 과정을 통해 사람들은 새로 태어난 자신의 새로운 인생을 살아야 한다. 스스로를 판단할 때 자신은 더 날씬하고 더 건강한 사람이라는 생각이 가장 중심이 되어야 한다. "전에는 과체중이었지만 지금은 건강하게 먹으려고 노력 중이야."라거나 "전에는 거의 안 움직였는데 지금은 더 걸으려고 노력 중이야." 혹은 "내 인생에서 지금이야 날씬한 시기지만 옛날로 돌아갈지 누가 알겠어."라고 생각하는 것으로는 부족하다. 이보다 더 새롭게 자신을 정의해야 한다. "나는 건강하게 먹는 사람이야.", "나는 걸어갈 수 있는 곳은 다 걸어서 다니고, 엘리베이터는 절대 타지 않아.", "나는 건강한 사람이야."라고 생각해야 한다. 헬스클럽에 다니고, 걷기나 달리기 동호회에 가입해서 더 건강한 사람들과 더 많은 시간을 보내야 한다. 또 스스로에게 내가 바로 이 새로운 사람이라고 이야기해야 한다. 다른 사람들에게는 자신이 현재 어떻게 살고 있는지 이야기한다. 가까운 사람들에게는 자신의 새로운 정체성을 지지해 달라고 말하는 것이 도움이 된다. 장기적 변화가 가능하다는 희망을 얻기 위해 앞서 말한 방식대로 정체성을 재창조하고 장기적으로 유지해 온 또 다른 사람들을 찾아내어 역할 모델로 삼는다. 그리고 그들의 이야기를 들어 보고, 실패한 사람들의 이야기는 무시해 버리는 것도 좋다.

다이어트를 잘하기 위한 마지막 단계는 실패에 대응하는 법(더 이상 실패로 여기지 않는다.)과 정체성의 재창조 과정을 학습함으로써, 행동과 체중의 변화를 지속할 수 있는 길을 닦는 것이다. 이를 위해서는 계획하기, 인지 재구성, 해석하기, 재규정하기, 단순한 반복과 모델링 등 많은 전략이 필요하다.

## 이 장을 정리하면

성공적인 다이어트는 많은 과정을 수반한다. 우리는 여러 심리학 이론을 통해 다양한 행동 변화 전략을 세울 수 있다. 9장에서 제시한 다이어트를 잘하기 위한 새로운 도구 모음은 이 모든 전략을 조화롭게 이용해서 실패라는 함정은 피하면서 성공의 기회는 최대화하는 5단계 방법이다.

# 10

# 다이어트를 돕고 싶은 전문가들에게

체중 감량이 어렵기는 해도 가능하다는 사실을 이제 확실히 이해했기를 바란다. 다이어트 업계 종사자나 건강 전문가가 다른 사람들을 어떻게 더 효과적으로 도와줄 수 있는지도 명확해졌을 것이다. 10장에서는 부정적인 결과 피하기, 의뢰인과의 관계를 최대한 활용하기, 변화를 가로막는 잠재적인 장애 요인 파악하기 등 건강 전문가가 알아야 할 몇 가지 추가적인 문제에 집중하겠다.

## 부정적인 결과는 피하라

체중 감량을 위한 다이어트는 건강 상태를 개선하고 자신감과 신체에 대한 자존감을 높일 수 있다. 하지만 사람들에게 해가 될 수도 있기 때문에 다이어트를 권장하는 건강 전문가는 혹시라도 의도치 않게 부정적인 결과를 초래하지 않도록 각별히 주의를 기울여야 한다. 이를 위해 여러 방법을 시도해 볼 수 있다.

### 정말 체중 감량이 필요한가?

우리는 이상적인 몸매에 대한 이미지가 쏟아져 나오는 세상에 살고 있다. 그 결과 많은 사람들이 성별과 상관없이 자신의 몸에 불만을 품게 되고, 다이어트를 통해 자신의 신체 사이즈와 체형을 바꾸려고 한다. 하지만 다이어트가 문제를 해결하기보다 더 많은 문제를 일으킬 수도 있기 때문에 자신을 긍정적으로 평가할 수 있도록 전문가들은 이들을 다른 방향으로 이끌어 주어야 한다. 운동, 새로운 취미 활동, 새 친구 사귀기, 봉사 활동, 노래, 이밖에 기분이 좋아지고 자존감을 높여 주는 다른 모든 방법을 동원할 수 있다. 다이어트는 과체중이거나 비만인 사람, 건강을 위해 체중 감량이 필요한 사람에게만 권해야 한다. 우리가 음식과 맺는 관계는 아주 섬세하다. 단지 자신의 체형이 원하는 것과 다르다고 생각하는 사람들에게는 다이어트를 피하라고 권하고 싶다. 체중 감량보다는 체중 증가의 소용돌이 속으로 첫발을 내딛는 계기가 될 수 있기 때문이다.

### 음식에 집착하지 않게 하라

최고의 행동 변화 전략을 빠짐없이 갖추었다 하더라도 다이어트는 항상 어느 정도 절제를 요한다. 때문에 음식에 대한 집착이 심해져서 결과적으로 과식을 유발할 수 있다. 건강 전문가는 의뢰인에게 이러한 증상이 나타나는지 주의를 기울여야 하며, 이를 예방하기 위해 금지된 음식이라는 개념을 최소화하고 흑백 논리가 아닌 유연한 사고를 강조해야 한다. 또 실수에 대해서는 외부로 책임을 돌리게 하고 공감하는 태도를 취하며, 의뢰인이 스스로를 친절하게 대하도록 권해야 한다. 의뢰인이 음식에 집착하기 시작하면 체중 감량을 위한 다른 대안을 찾아 시도하고 단순히 덜 먹기보다 더 활발히 움직이도록 권한다.

## 섭식 장애, 그리고 다이어트

일부 섭식 장애 환자들은 저체중이기 때문에 다이어트를 통한 치료 대상에서 쉽게 배제할 수 있다. 하지만 과체중이거나 비만이면서 섭식 장애까지 겪는 사람도 있을 수 있다. 이런 경우는 다이어트가 음식에 관한 문제를 악화시킬 수 있고, 자신감과 통제 욕구를 손상시킬 가능성이 있기 때문에 더욱 해로울 수 있다. 누군가 음식에 대해 불안해 하거나 자신의 신체 사이즈와 체형에 대한 걱정이 심해지고, 체형을 바꾸기 위해 과도하게 투자하는 것이 감지되거나 폭식이나 의도적 구토 등의 증상이 의심되면 건강 전문가는 다이어트를 중단시키고 심리적 평가를 받아 보도록 담당 의사에게 돌려보내야 한다.

## 의뢰인과의 관계를 최대한 활용하라

건강 전문가는 의뢰인과의 관계라는 아주 강력한 도구를 활용할 수 있다. 이 관계는 노련한 심리학자가 제시할 수 있는 어떤 전문적인 방법보다도 행동 변화를 이끌어 내는 데 효과적이며 다음의 방식으로 활용할 수 있다.

### 호감을 얻어라

기본적으로 의뢰인이 건강 전문가에게 호감이 있으면 그들의 마음에 들고 싶어 할 것이고 조언에도 훨씬 잘 따를 것이다. 그렇기 때문에 의뢰인의 이름을 기억하고, 지난번에 나누었던 이야기도 되돌아본다. 이 밖에도 미소 짓기, 귀 기울이기, 유머러스한 말과 행동, 따뜻하게 대하기, 비판하지 않기, 응원하기 등이 모두 좋은 관계를 쌓는 데 도움이 된다. 치료 동맹이라고도 하는 이 관계는 어떤 상황에서건 어떤 치료에서건 그 결과를 향상시키는 것으로 나타났다.[95] 그러므로 다이어트를 잘하는 데에도 효과가 있을 것이다.

### 긍정적 강화를 제공하라

건강 전문가는 의뢰인의 모든 행위에 대한 보상 체계가 될 수 있는 가장 완벽한 위치를 점하고 있다. 채찍보다는 당근이 훨씬 더 큰 동기 부여가 되기 때문에 올바른 방향으로 한 걸음 나아가는 행동을 할 때마다 긍정적 강화(행동의 변화를 일으키는 자극—옮긴이 주)를 제공해야 한다. 체중 감량, 건강에 더 좋은 식습관, 신체 활동 증가 등이 이에 해당한다. 그러나 만약 이런 행동을 하지 않았다 해도 식습관을 고치기 위해 노력한 것, 신체 활동을 늘리려는 생각을 한 것, 빠지지 않고 다시 방문한 것만으로도 칭찬해 주어야 한다. 어떤 것이든 칭찬받을 만한 좋은 행동은 자신감을 높여 주고 다음번에 더 열심히 노력할 결심을 하게 만든다.

### 관리는 지속적으로 제공하라

감량한 체중을 유지할 수 있을지 여부는 장기간의 후속 관리를 받는지를 보면 가장 확실하게 예상할 수 있다.[79,96] 그렇기 때문에 가능한 오랫동안 의뢰인을 관리 체계 안에 머물게 할수록 경과는 더 좋을 것이다. 의뢰인이 방문할 때마다 강화를 받고 노력에 대한 성취감을 느끼기 때문일 수도 있고 체중을 재고 이를 바탕으로 목표를 세울 수 있기 때문일 수도 있다. 아니면 자신의 담당 건강 전문가나 동호회 지도자의 마음에 들고 싶어 하기 때문일 수도 있다. 하지만 단순히 지속적으로 참여하는 것만으로도 체중 감량이 계속 당면 과제로 남아 있게 되고, 체중 감량을 목표로 두고 집중함으로써 노력을 계속할 확률이 더 높아진다.

### 어떤 말을 해 주어야 하는가?

성공적인 체중 감량을 위해서는 다양한 영역에 대한 이해와 재규정의 과정이 필요하다. 음식과의 관계 변화, 음식, 기분, 사회생활, 정체성 사이의 연관성 변화를 예로 들 수 있다. 또한 활동과 운동이 지닌 의미가 지루하고 어려운 것이 아닌 생활의 일부분으로 바뀌어야 한다. 생활 사건이나 의학적 증상과 같은 위험을 기회로 재규정해야 하며, 과체중의 원인을 생물학적이고 통제 불가능한 것이 아닌 변화할 수 있는 행동과 관련된 것으로 재규정해야 한다. 의뢰인과 건강 전문가 사이에서 발생하는 관계와 많은 대화는 이러한 이해가 시작될 수 있는 완벽한 지점이다. 그렇기 때문에 건강 전문가는 건강에 좋은 음식이 '지루하지만 이롭다'고 하지 말고 '맛있다', '아삭아삭하다', '멋지다'고 말해야 한다. 운동은 '건강에 좋다', '필요하다'고 여기기보다 '재미있다', '신난다', '기분 전환에 좋다', '울분을 표출할 수 있는 수단이다'라고 여겨야 한다. 생활 사건에 대해서는 '지금이 변화를 위한 시간일 수 있다' 혹은 '이 순간을 기회로 활용하라'고 이야기하고, 신체 증상에 대해서는 '몸이 뭔가를 이야기해 준다', '더 나빠지기 전에 지금 뭔가를 하라'고 이야기할 수 있다. 이러한 이야기를 할 때 지나치게 고압적일 필요는 없다. 하지만 의뢰인은 건강 전문가가 선택하는 말을 통해 건강 전문가의 해석 방식을 자신의 것으로 받아들이기 시작할 것이다. 한 주 한 주 지나면서 건강 전문가 자신이 했던 말이 의뢰인의 입을 통해 나오는 것을 들을 수 있게 되기 바란다.

## 어떻게 행동해야 하는가?

건강 전문가는 말과 행동에 있어 의뢰인의 궁극적인 역할 모델이다. 자신을 치료하는 건강 전문가에게 호감이 있으면 의뢰인은 그들처럼 '되고' 싶어 할 것이다. 그러므로 건강 전문가는 음식과 좋은 관계를 맺고, 건강한 식생활을 하고, 신체 활동을 좋아하는 것처럼 보여야 한다. 하지만 때로는 "당신이 뭘 알아, 몸무게 때문에 고생해 본 적도 없으면서." 반대로 건강 전문가가 체중 때문에 고생을 한다면 "당신이 뭘 알아, 날씬하지 않기는 마찬가진데."라며 의뢰인이 건강 전문가의 말을 아예 들으려 하지 않을 수도 있다. 하지만 긍정적이고 따뜻한 관계를 유지하고, 강화를 통해 관계를 더 다지고, 자기 가치 확인이나 감사의 방법을 이용하고, 말로만 하지 않고 가능한 이미지를 보여 줌으로써 소통이 차단되는 것을 막을 수 있다.

## 잠재적인 장애 요인 파악하기

체중을 감량하도록 돕고 있는데 상대방이 변할 기미가 보이지 않으면 정말 힘들 수 있다. 하지만 화를 내거나 좌절하거나 그 사람을 원망하기보다 변화를 가로막는 장애 요인을 이해하면, 관계를 지속하고 계속 공감하며 따뜻함을 유지하는 데 도움이 된다.

### 과체중이 주는 이익 확인하기

객관적으로 과체중은 온갖 심리적·신체적 비용을 초래하는 손실로 보일 수 있지만, 자신의 체중을 이익으로 보는 사람도 많을 것이다. 이들에게 체중은 정체성의 핵심적 부분이다. 대화의 주축을 이루고, 특정 활동을 피할 수 있는 핑계가 되고, 다른 사람들의 접근을 막는 방어막이나 다른 사람들과 친해질 수 있는 수단이 되기도 한다. 또 반려자에게 매력적이지 않거나 혹은 매력적으로 보이게 하는 방법이 되기도 한다. 그래서 어떤 사람이 변화에 저항하는 것 같으면 그 사람이 자신의 체중에서 어떻게 이익을 얻고 있는지를 생각해 보고, 이 문제에 대해 함께 상의해 보고, 현재 몸무게로 어떤 이익을 얻고 있건 그것을 대체할 수 있는 수단을 찾아야 한다.

## 반려자의 영향은 어떤가?

누군가 체중을 감량하고, 식단을 바꾸고, 신체 활동을 늘리고 싶어 한다고 해도 이러한 것들이 고립된 상태에서 이루어질 수는 없다. 따라서 다른 사람들의 역할을 함께 고려하는 것이 중요하다. 그중 가장 중요한 사람은 반려자다. 반려자가 상대의 현재 모습 그대로를 매력으로 느끼고 현재 식습관이 계속 유지되기를 원한다면 변화에 저항할 것이다. 여성들이 체중을 감량하려고 하면 특히 남편이 변화에 저항한다. 여전히 대부분의 가정에서 여성이 음식을 담당하기 때문이다. 여성이 자신의 식단은 바꾸고 나머지 가족들에게는 평소처럼 요리해 주기 위해서는 추가로 일을 해야 할 뿐 아니라, 가족에게서 고립감을 느끼고 분노가 치밀 수 있다. 남성들이 체중을 감량할 때에도 이제껏 가정에서 음식을 담당해 본 적이 전혀 없기 때문에 이 또한 문제가 될 수 있다. 그러므로 가족 구성원이 다같이 참여하는 것이 가장 중요하다. 이를 위해 다음과 같이 도전해 볼 수 있다. 체중 감량을 단지 어느 누구만을 위한 식단 조절로 여기지 말고, 모두를 위한 생활 방식의 변화로 인식한다. 다이어트를 하는 당사자가 가족 모두를 위해 직접 건강식을 준비하고, 다만 본인은 조금 적게 먹도록 한다. 가족들에게 과체중의 위험과 체중 감량의 이익을 설명한다. 힘이 되어 주는 가족에게 기회가 될 때마다 보상해 준다. 흰 빵을 흑빵으로 바꾸고, 일반 우유는 탈지 우유로 바꾸는 식으로 식단에 조금씩 변화를 준다. 단순히 케이크와 비스킷을 빼는 것이 아니라, 과일과 채소를 더한다. 밖에서는 다른 사람들과 어울리기 위해 케이크와 비스킷을 먹더라도 이런 음식을 집에는 들이지 않기로 모두의 동의를 구한다. 근본적으로 가족 구성원 모두 가족들이 전부 건강하게 오래 살기를 바랄 것이다. 사회적 지원이 감량 체중을 유지하는 열쇠라는 사실은 많이 입증되었다.[73,77] 이와 같이 모두가 참여할 수 있으려면 다이어트가 공동의 목표가 되어야 한다.

### 변화에 대한 두려움 이해하기

현재 상태가 건강에 해롭고 심지어 불쾌하다 하더라도 많은 사람들이 여전히 변화를 두려워한다. 건강 전문가는 의뢰인에게 과체중이 주는 이익을 설명해 보라고 한 후에, 반대로 살을 뺐을 때 자신의 삶이 어떨지를 생각해 보게 함으로써 이 문제를 해결할 수 있다. 이때 다이어트의 모든 장점과 단점에 대해 이야기할 수 있어야 하며 정체성, 기분, 대화, 관계, 매력, 일, 타인의 기대와 자신의 기대 등 이 모든 것들이 변하는 데 따른 기분이 표출될 수 있다. 이상하게도 사람들은 과체중인 것을 싫어하면서도 항상 날씬하고 싶어 하지는 않는다. 이러한 문제에 대해서는 논의가 필요하며, 이들에게 좀 더 긍정적인 미래를 상상해 보고 손실보다는 이익을 상상하게 하는 것이 도움이 된다.

### 깊이 밴 습관 고치기

어릴 때부터 몸에 밴 습관 때문에 체중 감량, 특히 감량 후 유지가 어려울 수 있다. 누군가의 체중 감량을 도울 때 이러한 습관을 고치기 어렵다면 당혹스러울 수 있다. 하지만 건강 전문가는 반드시 체중 감량과 유지가 얼마나 어려운지를 이해하고 계속해서 공감해 주어야 한다. 다이어트 시도를 더 많이 한 사람이 성공 가능성이 더 높다는 증거가 있다. 마찬가지로 다른 사람이 더 많은 시도를 하도록 격려를 아끼지 않은 건강 전문가 또한 성공 가능성이 더 높다.

## 이 장을 정리하면

건강 전문가는 뒤에서 설명할 전략과 함께 실패한 다이어트와 성공한 다이어트의 차이점을 파악하여 다른 사람들의 체중 감량을 도울 수 있다. 10장에서는 건강 전문가와 특히 관련 있는 몇 가지 문제를 중점적으로 살펴보았다. 부정적인 결과 피하기, 건강 전문가와 의뢰인의 관계 최대한 활용하기, 행동 변화의 과정에서 건강 전문가 자신의 말과 행동, 의뢰인과의 상호 작용 이용하기 등이 특히 중요하다. 의뢰인이 건강 전문가에게 호감을 갖고 다시 방문하면 그들의 성공 가능성은 훨씬 높아진다. 마지막으로 체중 감량과 유지가 극도로 어려운 일임을 인식하는 것 또한 중요하다. 하지만 건강 전문가가 의뢰인의 어려움에 공감하고 침착하게 함께 노력해 나간다면 의뢰인은 계속해서 변하려고 노력할 것이고 양측 모두 성공할 가능성이 훨씬 높아진다.

## 11

# 아이들의 다이어트를 위한 조언

어떻게 하면 음식을 문젯거리로 만들지 않으면서 아이들의 식습관을 바람직하게 잡아 줄 수 있을지에 대한 주제로 책을 한 권 집필한 적이 있다.[19] 아이들의 식습관은 체중 감량 자체가 아니라 음식과 좋은 관계를 유지하는 것이 목적이 되어야 한다는 확신에는 변함이 없다. 하지만 아이들은 점점 과체중이나 비만이 되어 가고 있다. 뿐만 아니라 낮아진 자존감, 불안, 천식, 당뇨병 등 체중과 관련한 심리적, 신체적 문제를 겪고 있다. 그렇기 때문에 식습관 확립의 목표는 단연코 음식과의 좋은 관계를 형성하는 것이지만 과체중이나 비만인 아이들의 경우 부수적 효과로 체중 감소가 뒤따라야 한다. 이를 위해 어떤 방법을 이용할 수 있을까?

## 걱정할 필요가 있는지 판단하라

나는 아이들이 있는 집에는 욕실에 체중계를 두는 것에 반대한다. 아이들이 체중에 대해 지나치게 걱정할 수 있고, 건강이 아닌 체중 자체가 목적이 될 수 있기 때문이다. 하지만 가끔 정확한 자료를 근거로 아이가 정상 체중인지 아닌지 알아보는 것은 좋다. 그렇기 때문에 가능할 때 아이의 체중을 재어 보되, 유난을 부리지 말고 대수롭지 않게 해야 한다. 다른 집에 갔는데 체중계가 있다거나 동네 약국에서, 혹은 역에서 '재미 삼아' 저울에 다같이 폴짝 올라서서 체중이 얼마나 나가는지 보면 된다. 나중에 누가 "엄마, 저 좀 컸나요?", "톰이 이제 저보다 커요."라며 키에 대해 이야기를 하거나 혹은 "신발이 작아졌어요."라고 하면 벽에 세워 놓고 키를 재 본다. 그러고 나서 아이들에게는 아무 말도 하지 말고 인터넷에 있는 아동용 체질량 지수 계산기를 이용해 체질량 지수를 알아본다. 정상 체중이면 건강한 것이므로 얼마나 먹든 신경 쓰지 않아도 좋다. 하지만 과체중일 경우 체중과 관련한 문제가 생길 수도 있다.

## 다이어트, 시키지 마라

아이가 과체중인 것이 좋은 일은 아니다. 하지만 아동기에 음식에 관련한 문제가 생기면 평생 걱정과 우울증에 시달릴 수도 있다. 자녀가 과식을 하는 것 같으면 식습관을 제대로 잡아 주기 위해 아래의 조언을 모두 따르되, 다이어트를 시켜서는 안 된다. 체중 조절을 위해 식단을 조절한다는 것은 결국 먹고 싶은 음식을 절제하는 것이다. 이렇게 되면 그 음식은 훨씬 더 먹음직스럽게 느껴지고, 식단을 지키지 못했을 경우 최종적으로 다이어트를 아예 안 했을 때보다 훨씬 많이 먹게 된다. 따라서 부모가 올바른 역할 모델이 되어 장을 보는 음식을 바꾸고, 각 끼니를 직접 요리하고 계획하는 등 아이들이 눈치채지 못하게 음식을 제한하고 공복감을 수용하는 방법을 배울 수 있게 도와주어야 한다.

하지만 다이어트를 시키면 상황을 더 악화시킬 수도 있고 음식이 그 어느 때보다 더 특별한 의미를 갖게 될 것이다. 시간이 갈수록 아이가 장차 일상생활의 가장 중요한 부분 중 하나 때문에 고전을 면치 못하게 만들어 놓는 셈이다.

과체중은 심리적 요인과 환경적 유발 기제의 산물이다. 아이들의 경우도 마찬가지이지만, 다행스럽게도 아이들의 환경은 우리가 통제할 수 있기 때문에 바꾸기가 더 쉽다. 다이어트를 시키지 않고도 아이들이 덜 먹고 신체 활동을 늘릴 수 있도록 하는 몇 가지 조언을 다음과 같이 제시해 보았다. 절대 음식을 문젯거리로 만들어서는 안 된다.

## 아이들은 어떻게 생각하는가?

태어나는 순간부터 다른 사람들이 들려주는 이야기가 우리의 머릿속에서 각본이 되어 평생 우리를 이끌어 나간다. 따라서 아이가 "나는 마무리를 잘해."라고 생각한다면 부모가 그렇게 얘기했기 때문일 것이다. "나는 게을러."라고 생각한다면 그것도 부모가 그렇게 얘기한 탓일 것이다. 음식이나 운동과 관련 있는 각본 역시 존재하므로 아이들에게 가능한 어릴 때부터 긍정적인 관념을 전달하는 것이 중요하다.

### 신체 사이즈에 대한 각본 만들기

부모는 자녀가 신체 사이즈에 대해 건전한 각본을 지닐 수 있게 적절한 말을 해야 한다. 그렇기 때문에 "우리 가족은 다 뚱뚱하단다. 우리는 원래 그래."라고 말하면 안 된다. 과체중은 자신의 능력 밖의 일이고 피할 수 없다고 믿을 것이기 때문이다. 또한 아이 앞에서 "나는 너무 뚱뚱해. 정말 싫어. 너무 보기 싫어." 라고 말하거나, 아이에게 "너 뚱뚱해지고 있구나. 친구도 못 사귈 거야."라고 말해서도 안 된다. 이런 비판은 자존감을 낮추고, 자기비판을 초래하거나 먹는 데서 위안을 찾게 만들 수도 있기 때문에 문제를 더 악화시킬 뿐이다. "너무 많이 먹는다.", "아이쿠, 너 엄청나게 많이 먹는구나.", "식욕이 굉장하네." 혹은 "배불러 한 적이 없는 것 같아."라는 말로 아이들이 먹는 것에 대해 평가하지 않는다. 이런 말들 역시 계속 아이들 곁에 붙어 다닐 것이다. 그리고 아이들은 이런 말을 사실로 여기고 자기 정체성의 중요한 부분으로 받아들일 것이다. 마찬가지로 "토실토실 우리 예쁜 딸.", "너무 통통해서 꼭 안아 주고 싶어." 혹은 "포동포동한 사람은 안기 정말 좋아."라고 칭찬하면 안 된다. 사랑받기 위해서는 과체중을 유지해야 한다고 믿을 것이기 때문이다. 대개 아무 말도 않는 것이 최선이다! 하지만 신체 사이즈에 대해 이야기를 하려면 다른 사람의 예를 들어 좀 더 중립적으로 해야 한다. 따라서 건강한 신체 사이즈를 가진 유명인을 보게 되면 "매력적이다."라고 하거나 정상 체중의 친구가 집에 오면 "정말 건강해 보이는구나."라고 말한다.

### 신체 활동에 대한 각본 만들기

부모는 운동에 관해서도 적절한 말을 해야 한다. "헬스클럽에 다니기 지겨워.", "산책하기에는 너무 추워.", "차를 가지고 가서 시내에 주차하자. 그게 더 편해.", "엘리베이터 타자, 피곤해.", "이번 주에는 바빴으니까 주말에 집에서 텔레비전이나 보자."와 같은 말을 자주 들을 수 있다. 이런 표현은 모두 운동을 지루하고 가능하면 피해야 할 것으로 만들어 버리는 말이다. 하지만 아이들이 알아야 할 것은 신체 활동이 자신의 감정을 조절하고, 우울할 때 기운 나게 해 주는 훌륭한 방법이라는 사실이다. 사람들을 만나고 친구를 사귀기에 굉장히 유용하고, 재미있고, 동시에 좋은 이동 수단이며, 많은 경우 공짜이고, 일상생활의 일부분이라는 것이다. 그러므로 부모는 일상적인 대화를 통해 신체 활동을 긍정적으로 받아들일 수 있는 토대를 마련해 주어야 한다. “정원에 나가서 열을 좀 식혀라.”, “이번 주말엔 자전거 타러 가자. 재미있을 거야.”, “피곤하네. 산책 좀 해야겠어.”, “자전거를 타고 나니까 기분이 정말 좋아졌어.”, “이야기 좀 하게 산책하자.”, “이번 주엔 바쁘게 지내서 신선한 공기가 간절해.”, “네트볼을 하다가 진짜 멋진 사람들을 만났어.”, “달리기를 한 뒤에 커피를 마시는데 너무 좋아.”, “걸어서 출근한 이후로 에너지가 넘쳐.”와 같이 이야기하면 신체 활동은 인생의 긍정적인 부분, 재미있는 것, 우리의 기분을 조절할 수 있는 유용한 수단이라고 생각하게 될 것이다.

## 건강한 식습관을 위한 각본 만들기

음식에 대한 우리의 각본은 운동에 대한 각본보다 훨씬 복잡할 것이다. 자녀와 카페에 온 사람을 지켜보다 보면, 이런 말을 듣게 된다. “이야, 저 아이스크림 정말 예쁘다.”, “말을 잘 들었으니까 이제 초콜릿 케이크 먹으렴.”, “채소를 먹어야 디저트를 먹을 수 있어.”, “다 먹었구나! 잘했어! 이제 유모차에 타. 안 걸어도 돼.”, “후식이 뭘까? 케이크야! 자, 우선 저녁을 다 먹어야 해.”, “채소를 먹으렴, 건강에 좋단다.”, “그냥 먹어, 몸에 좋아.”… 끝이 없다! 음식을 둘러싼 언어가 우리 머릿속에 각본을 만들어 간다. 대부분은 이런 식이다. 달콤한 음식은 특별하다, 음식은 우리의 감정을 조절할 수 있는 유용한 방법이다, 건강에 좋은 음식은 지루하다, 배고프지 않을 때 먹어도 괜찮다, 어떤 음식은 먹으면 안 되지만 정말 맛있다. 그렇기 때문에 성인인 우리가 우울할 때 셀러리가 아닌 케이크를 찾고, 더 건강하게 먹으려는 노력에 대해 화를 내는 것도 놀랄 일이 아니다. 부모가 해야 할 일은 아이들에게 음식에 대한 좀 더 긍정적인 관념을 전달하는 것이다. 음식은 맛있지만 경이로운 것은 아니며, 즐거움을 주지만 특별한 대접은 아니다. 자신에게 좋은 것이지 지루한 것이 아니다. 배가 고프면 먹는 것이지 금지된 것이 아니다. 음식은 나오는 순서의 차이지 꼭 짭짤한 음식을 다 먹어야 달콤한 음식을 먹을 수 있는 것은 아니다. 아이들에게 말할 때는 음식에 대해 이런 내용을 담아야 한다. 이렇게 말하기가 항상 쉬운 것은 아니다. 어떤 말은 해야 하고 어떤 말은 하지 말아야 하는지 몇 가지 예가 표 11.1에 나와 있다.

## 교묘하고 때로는 은밀하게

어느 시점에 가서는 저체중과 과체중, 그리고 이와 관련된 위험에 관해 이야기를 나누어 보는 것도 도움이 된다. 하지만 저녁 식사 내내 설교를 한다거나 차 안에서 잔소리를 늘어놓으면 아이들은 부모가 말을 해도 귀 기울이지 않고, 무시하고, 심술을 부릴 것이다. 그렇기 때문에 아이들이 눈치채지 못하게 더 교묘하고 은밀하게, 대수롭지 않게 말을 꺼낼 기회를 포착해야 한다. 예를 들어 텔레비전에 너무 마른 사람이 나오면 "저 사람들 보기 흉할 정도야. 건강할 리

표 11.1 아이들에게 음식에 대한 긍정적인 각본 주기

| 해야 할 말 | 하지 말아야 할 말 |
|---|---|
| 이 셰퍼드 파이는 훌륭해! | 브로콜리가 썩 맛있지는 않지만 몸에 좋아. |
| 오이는 정말 수분이 풍부해! | 살을 빼려면 건강에 좋은 걸 먹어야지. |
| 이 당근은 아주 달콤해! | 차 마시고 나면 맛있는 것 먹을 수 있어. |
| 맛을 보다니 잘했어. 정말 멋져! | 비스킷은 엄마 거야. 너는 먹으면 안 돼. |
| 잘했어. 정말 맛있게 먹었네! | 식욕이 정말 엄청나구나! |
| 새로운 음식에 도전을 잘하는구나. | 끝도 없이 먹는구나! |
| 언제 그만 먹어야 할지 잘 아는구나. | 우리 딸은 디저트를 정말 좋아해! |
| 충분히 먹었는지 아는 것은 좋아. | 우리 아들은 단것을 정말 좋아해! |
| 조금만 더 먹으렴. | 지금은 케이크 아주 조금만 먹고 내일 더 먹으렴. |
| 채소를 엄청 잘 먹네. | 부활절 초콜릿은 많이 먹었으니까 나중에 먹게 남겨 두자. |
| 식탁에 조금만 더 앉아 있으렴. | 안돼, 밥 다 먹을 때까지 디저트는 못 먹어. |
| 채소 조금만 더 먹자. | 콩 다섯 개만 먹자, 제발. 그럼 아이스크림 줄게. |
| 비스킷은 그만 먹으렴, 저녁 준비하고 있단다. 밥 먹고 나서 먹으렴. | 채소 먹으면 디저트 줄게. |
| 디저트로 맛있는 멜론 먹자. | 피곤해 보인다. 초콜릿 먹고 기운 좀 내. |
| 비스킷은 기다렸다가 저녁 먹고 나서 먹자. | 그 요리 하느라 수만 년은 걸렸어. 제발 다 먹어라. |
| 배고프면 과일 좀 먹으렴. | 날 봐서 마지막 남은 비스킷 좀 먹어, 그래 줄 거지? |
| 저녁은 6시에 먹을 거야. 지금은 기다려야 해. | |
| 자기 전에 아삭아삭 씹어 먹을 수 있는 당근 스틱이란다. | |

가 없어."라고 하거나, 쇼윈도에 굉장히 마른 마네킹이 보이면 "저렇게 말라서야 쓰나. 송장 같아." 하고 말한다. 유명인이 체중이 많이 줄었다고 축하를 받는다면 "조심해야지. 저러다가 병이 날 텐데."처럼 말한다. 마찬가지로 과체중인 사람이 텔레비전에 나오면 "저 체구에 건강할 리가 없어."라고 한다. 유명인이 체중이 많이 불어난 모습을 보면 "그거 알고 있었니? 과체중이면 수명이 줄어든대."와 같이 이야기한다. 하지만 온갖 다이어트 프로그램에서 충격을 주기 위한 목적으로 보여 주는 고도 비만인 사람들의 이미지에 초점을 맞추면 안 된다. 아무도 이런 이미지에는 공감하지 못한다. 오히려 '나는 저 사람만큼은 거대하지 않으니까 괜찮아.'라고 생각하게 만들 수 있다. 이렇게 대수롭지 않게 은밀하고 심지어 교활하기까지 한 방식으로 신체 사이즈에 대해서 이야기하면 아이들이 음식이나 신체 사이즈를 문젯거리로 만들지 않고 머릿속에 바람직한 각본을 만들어 낼 수 있을 것이다.

결론적으로 신체 사이즈와 신체 활동, 식습관에 대해 부모가 바람직한 말을 하면 아이들의 머릿속에는 더 건강한 미래를 위한 더 건강한 각본이 생겨날 것이다.

## 아이의 환경을 어떻게 바꿀 것인가?

우리의 체중은 환경적 유발 기제에 대한 반응이기도 하다. 어른들이 아이들의 환경을 대부분 통제하기 때문에 아이들의 체중은 다루기가 더 쉽다. 사실, 대개의 경우에 '다름 아닌' 부모가 아이들의 환경이다.

### 더 활동적인 역할 모델이 돼라

육아에 대한 유명한 말이 있다. '주변 사람들이 변하길 원한다면 자신부터 먼저 변해라.' 자녀가 과체중이 되어 가고 있다면 가장 간단한 해결책은 아이들의 신체 활동을 늘리는 것이다. 이를 위해서는 부모 자신도 더 활동적이어야 한다. 주말에 영화를 보기보다는 가족끼리 자전거를 타고, 휴가를 좀 더 활동적으로 보내고, 직접 더 활발히 움직임으로써 부모가 활동적인 것을 좋아한다는 것을 보여 준다. 더 활동적인 모습을 아이들이 직접 보게 하고, 수영이나 다른 운동을 배우고, 자신이 하는 운동에 대해 긍정적인 이야기를 하고, 아이들을 동네 공원에 데려가는 것도 좋은 방법이다. 공과 줄넘기를 사주거나, 정원이나 거리로 내보내 놀게 하거나, 학교 동아리에 들게 해서 아이들이 신체 활동을 하기 더 쉽게 만들어 주기만 해도 좋다. 아이들은 부모를 닮고 싶어 하기 때문에, 부모가 활동적이면 아이들도 활동적이고 싶어 할 것이다.

### 식습관 형성을 위한 바람직한 역할 모델이 돼라

부모는 자녀의 유년기 전반에 걸쳐 핵심적인 역할 모델이기 때문에 식습관 확립을 위한 좋은 모델이 되어야 한다. 부모 스스로 바람직한 식생활을 하고 아이들에게 직접 보여 주어야 한다는 뜻이다. 그러므로 부모라면 본인 또한 과일과 채소를 더 먹고, 간식이 아닌 끼니를 챙겨 먹고, 끼니를 거르지 않고, 식탁에서 먹고, 배가 고플 때 먹고, 감정을 조절하기 위해 먹지 말고, 단지 더 먹고 싶어서가 아니라 배가 고프면 더 먹어야 한다.

## 신체 사이즈에 대한 바람직한 역할 모델이 돼라

부모는 신체 사이즈에 관해서도 바람직한 역할 모델이 되어야 한다. 세상 사람들이 점점 더 뚱뚱해지고 있으며 과체중이 정상이 되고 있다. 부모가 과체중일 경우, 아이들이 이것을 정상으로 여기게 내버려 두어서는 안 된다. 과체중이 집안 내력이라 어쩔 수 없다고 여기도록 부추겨서도 안 된다. 부모는 자신의 체중에 대해 자녀에게 하소연해서도 안 되고 그렇다고 치켜세워서도 안 된다. 마찬가지로, 자녀가 과체중이라면 그것 때문에 아이를 비판해서도 안 되고 그렇다고 자랑거리처럼 말해도 안 된다.

## 환경을 바꿔라

12세 이하의 자녀가 무엇을 먹는지는 전적으로 부모 책임이다. 부모가 장을 보고 운전을 하고 돈을 내고 요리도 한다. 12세 이후에도 아이들의 먹거리는 대부분 부모에게 달렸다. 따라서 아이들이 덜 먹게 하는 최선의 방법은 오직 건강에 좋은 음식만 사서 집에 가져옴으로써 환경을 바꾸는 것이다. 아이들이 탄산음료, 감자 칩, 비스킷을 먹는 것이 싫다면 아예 사지 말고 디저트 없이 건강에 좋은 끼니를 준비해야 한다. 자동차 뒷좌석에 감자 칩보다는 포도 송이를 던져 놓고 텔레비전 앞에 앉아 있는 아이들에게 사탕보다는 냉동 콩을 주면 알아차리지 못하고 무의식적으로 먹을 것이다.

## 또래집단을 활용하라

아이들은 부모를 닮고 싶어 하므로 결국 부모가 먹는 것을 먹게 될 것이다. 하지만 친구들을 닮고 싶어 하는 욕구는 한층 더 강력하다. 그러므로 친구들을 초대해서 자녀에게 건강에 더 좋은 음식을 소개하는 기회로 활용한다. 사회적 압력을 유리하게 이용하는 것이다. 새로운 사람을 초대하는 것으로 인해 식사의 패턴이 바뀌었을 때, 익숙한 방식으로 요리한 익숙한 음식으로 안전을 추구하기보다는 먹는 음식의 패턴을 바꾸고 친구들과 다 같이 새로운 음식을 맛보게 한다.

### 그릇 크기를 줄여라

이상하게도 큰 접시의 절반이 비어 있으면 작은 접시가 꽉 차 있을 때보다 음식이 적게 느껴진다! 그러므로 자녀가 과식하는 것 같아 먹는 양을 제한하고 싶다면 반드시 적당한 크기의 그릇을 선택해야 한다. 그리고 모든 가족이 같은 그릇에 담아 먹는다. 이렇게 하면 가족 모두 적당량의 식사를 하고 박탈감 없이 그릇을 비울 수 있을 것이다.

### 계획적으로 식사하라

아이들은 배가 고플 때마다 주변에 있는 음식을 자주 먹으려 할 것이다. 하지만 정해진 식사 시간이 있어서 든든하게 먹을 수 있는 때가 언제인지 알면 공복감이 있는 채로 다음 식사 시간을 기다리기가 더 수월해 질 것이다. 그러므로 가능한 정해진 시간에 식사를 하도록 하고 자녀에게 간식 시간이 언제인지, 무엇을 먹을지 이야기해 준다. "간식 시간에는 배가 고픈 게 훨씬 더 좋아. 그래야 더 맛있게 먹을 수 있어."라고 말하며 기다리게 한다.

## 든든한 식사를 준비하라

배가 고프면 아이들은 식사와 식사 사이에도 간식을 먹으려고 할 것이다. 그러면 식사 시간에는 덜 먹게 되고, 금세 배가 고파지고 다시 식사 시간 사이사이 음식을 먹을 것이다. 악순환이다. 그렇기 때문에 양이 충분하고 포만감을 주는 식사를 준비한다. 포만감을 높이기 위해 탄수화물(현미 파스타, 현미 또는 흑빵)의 비중을 높이고 채소와 단백질을 포함하도록 한다. 고지방식은 포만감이 금방 사라지기 때문에 내놓지 않는다. 설탕을 섭취하면 즉각적으로 기분이 좋아지는 동시에 만족감을 느낄 수 있다. 하지만 이런 기분은 금세 가라앉기 때문에 기분 좋은 상태를 회복하기 위해 설탕이 더 당기게 된다. 따라서 단 음식은 피해야 한다.

## 작은 변화를 줘라

습관을 바꾸기에 가장 쉬운 방법은 대체할 습관을 만들거나 자신이나 다른 사람이나 평소와 다름없다고 착각할 만큼 정말 작은 변화를 주는 것이다. 각종 허브 음식, 아티초

크, 회향, 렌틸 콩, 씨앗류, 견과류를 활용한 대대적인 변화는 며칠을 못 간다. 하지만 작은 변화는 더 장기적으로 유지될 가능성이 훨씬 높다. 따라서 일반 우유보다는 탈지 우유를 마시고 탄산음료보다는 과일 주스를 마신다. 완벽하게 도정한 흰 곡물보다는 현미 파스타, 현미, 흑빵을 먹는다. 새로운 채소를 한꺼번에 모두 내놓아 자녀와 충돌하기보다는 익숙한 음식에 채소를 몰래 넣어 준다. 흰 면보다는 갈색 현미 면을 이용해서 익숙한 파스타 요리를 해 주고 한쪽에 새로운 채소를 곁들인 다음 반응을 살펴본다.

### 아침을 먹어라

아침 식사는 신진대사를 촉진하고, 밤사이 수면 상태에 있던 우리를 깨우며, 하루를 시작하게 해 주기 때문에 아주 중요하다. 아침을 거르면 계속 나른함을 느끼고 점심 때까지 집중할 수가 없다. 그러므로 매일 아침을 차리고 아이들과 함께 식탁에 앉아서 하는 아침 식사를 일상생활의 평범한 일부분으로 만든다. 그리고 마실 것도 함께 준다!

## 가족이 함께 먹어라

무엇이 건강인지에 대한 개념과 건강이 평범한 것이라는 개념을 확립할 수 있는 가장 쉬운 방법은 가족이 함께 먹는 것이다. 그러므로 가능한 자주 가족이 모두 모여 식사를 해야 한다. 그럼으로써 부모가 좋은 역할 모델이 될 수 있다. 적절한 말을 해 줄 수 있고 알맞은 크기의 그릇에 적절한 음식을 내줄 수 있다. 먹는 것이 평범하고 스트레스 없는 가족의 일상이 될 수 있다.

## 과일 그릇을 준비하라

때때로 아이들이 너무 배가 고파서 다음 식사 때까지 기다릴 수가 없을 때 가장 적절한 간식거리는 과일이다. 그러므로 과일 그릇을 구입해서 과일로 가득 채워 집의 중심부에 두고 아이들이 지나다닐 때마다 직접 먹을 수 있게 한다. 그러면 건강에 해로운 간식을 먹지 않아도 되고 식사 준비가 될 때까지 공복감을 유지할 수 있다.

## 이 장을 정리하면

자녀가 과체중이라는 생각이 들면 우선 '대수롭지 않게' 체질량 지수를 알아보고 실제로 걱정할 필요가 있는지 판단을 해야 한다. 과체중일 경우 다이어트를 시키는 대신 아이의 환경과 생각을 바꾸어 주려는 시도를 한다. 예를 들어 운동과 식생활에 대한 좋은 역할 모델이 되는 것은 물론 신체 사이즈와 음식, 신체 활동에 대한 긍정적인 관념을 전해 주려고 노력한다. 뿐만 아니라 아이들이 눈치채지 못하도록 환경을 관리한다. 식사를 계획해서 언제 음식이 나오는지 아이들이 알 수 있게 해 주고 든든한 식사를 차려서 간식을 먹지 않도록 도와준다. 하지만 이 모든 시도를 간접적으로, 아이들과 대립하지 않으면서 해야 한다. 음식이 문제가 되거나 아이가 장차 먹는 것으로 인해 문제를 겪게 만들고 싶은 부모는 절대 없을 것이기 때문이다.

# 마무리하며

거의 30년 전에 『희망 고문: 다이어트에 대한 오해Fat Chance: The Myth of Dieting Explained』를 출판했을 때 나는 다이어트가 이로운 점보다 해로운 점이 더 많다고 믿었다. 그 이후로 아동과 성인 모두에게서 과체중과 비만으로 인한 문제가 엄청나게 증가했고 과도한 체중 증가가 일으키는 수많은 심리적, 신체적 문제를 목격했다. 하지만 동시에 다이어트가 얼마나 어렵고, 얼마나 자주 실패로 돌아가는지도 목격했다. 때로는 다이어트가 문제를 해결하는 것이 아니라 문제를 일으키기도 한다. 그러나 이따금씩 성공적인 다이어트 사례를 목격하면서 즉각적인 효과뿐 아니라 장기적인 효과도 낼 수 있는 다이어트 방법이 분명히 있다고 점차 믿게 되었다. 이 책은 바로 그러한 점진적 과정의 결과물이다.

여전히 다이어트가 쉽다고는 생각하지 않는다. 절대적인 한 가지 방법이 모두에게 통한다고도 생각지 않는다. 하지만 실패한 다이어트와 성공한 다이어트가 보여 주는 증거를 학습하는 동시에 행동 변화를 이끌어 낼 수 있는 전문적인 심리학적 기법을 함께 활용한다면 다이어트를 잘할 수 있는 방법을 찾아낼 수 있다고 믿는다. 이것이 바로 이 책의 목표이다.

## 생각 바꾸기부터 시작한다

체중이 증가하는 이유는 필요한 것보다 많이 먹고 우리가 먹은 음식을 다 소비하는 데 필요한 활동량보다 적게 움직이기 때문이다. 다시 말해 우리는 과식하고 적게 움직인다. 이는 심리적 요인과 환경적 유발 기제로 인한 것이다. 그러므로 모든 다이어트 시도는 환경적 유발 기제를 관리할 수 있도록 도와주는 것은 물론 우리의 생각을 바꿀 수 있어야 한다. 쉬운 일이 아니다! 하지만 성공한 다이어트와 실패한 다이어트에 대한 연구 문헌을 찾아보고 다양한 행동 변화 전략을 살펴본 결과 아래와 같이 다이어트를 잘하기 위한 5단계 접근법이 도움이 된다는 사실을 알 수 있다.

- **1단계 변화의 계기 찾기** 모든 종류의 위험을 기회로 새롭게 규정하고 변화의 기회로 삼는다.
- **2단계 생각 바꾸기** 상황이 변할 수 있다고 믿고, 먹는 것과 운동하는 것의 손익 분석을 수정하고, 지금까지 투자한 모든 것에 집중한다.
- **3단계 새로운 행동 요법 만들기** 무엇을 먹을지 뿐만 아니라 어디서, 언제, 왜 먹을지를 고민한다.
- **4단계 주변 환경 관리** 대부분의 상황을 미리 계획하고 많은 것을 피한다.
- **5단계 성공을 향한 길 닦기** 자신에게 친절하며 반복과 궁극적인 재창조의 과정을 통해 성공을 향한 길을 닦는다.

세계는 점점 체중이 불어나기는 쉽고 날씬함을 유지하기는 어렵도록 설계되고 있다. 때때로 다이어트라는 세계는 좋은 결과를 가져오기보다는 해를 끼치는 경우가 더 많았다. 이 책의 내용이 이 두 세계의 접점을 찾을 수 있는 가교 역할을 하는 한편 보다 균형 잡히고 정보에 근거한 방법을 제시할 수 있기를 희망한다.

# 추가자료


Branch, R., and Wilson, R. (2002). *Cognitive behavioural therapy for dummies*. 2nd edition. Chichester: Wiley.

Grogan, S. (2016). *Body image: Understanding body dissatisfaction in men, women and children*. 3rd edition. London: Routledge.

Ogden, J. (1992). *Fat chance! The myth of dieting explained*. London: Routledge.

Ogden, J. (2003). *The psychology of eating: From healthy to disordered behaviour*. 2nd edition. New York and London: Blackwell.

Ogden, J. (2014). *The good parenting food guide: Managing what children eat without making food a problem*. London: Wiley.

Santos, I., Sniehotta, F.F., Marques, M.M., Carraça, E.V., and Teixeira, P.J. (2017). Prevalence of personal weight control attempts in adults: A systematic review and meta-analysis. *Obesity Reviews*, 18(1), 32-50.

Gilbert, P. (2014). The origins and nature of compassion focused therapy. *British Journal of Clinical Psychology*, March, 53(1), 6-41.

Rinzler, C.A. (2016). *Nutrition for dummies*. 6th edition. Chichester: Wiley.

# 참고문헌


1 Mazel, J. (1981). *The Beverly Hills diet*. New York: MacMillan.

2 Twigg, S. (1997). *The Kensington diet*. London: Bantam Books.

3 Conley, R. (1989). *Rosemary Conley's Complete Hip and Thigh Diet*. London: Arrow Books.

4 Levine, M.J. (1997). *I wish I were thin I wish I were fat*. New York: Fireside.

5 Conley, R. (1996). *Complete flat stomach plan*. London: Arrow Books.

6 Coleman, V. (1990). *Eat green - lose weight*. London: Angus and Robertson.

7 De Vries, J. (1989). *Realistic weight control*. Edinburgh: Mainstream.

8 Lazarides, L. (1999). *The Waterfall Diet*. London: BCA.

9 Katahn, M. (1982). *The 200 calorie solution: How to stop dieting forever*. London: Arlington Books.

10 Smith, G. (1993). *Fibrenetics*. London: Fourth Estate.

11 World Health Organisation. (2016). *Obesity and overweight*. www.who.int/mediacentre/factsheets/fs311/en/ retrieved 16/4/2017

12 Pereira-Miranda, E., Costa, P.R., Queiroz, V.A., Pereira-Santos, M., and Santana, M.L. (2017). Overweight and obesity associated with

higher depression prevalence in adults: A systematic review and meta-analysis. *Journal of American College of Nutrition*, April, 10, 1-11.

13 Romero-Corral, A.R., Montori, V.M., Somers, V.K., Korinek, J., Thomas, R.J., Allison, T.G., ... Jimenez, F.L. (2006). Association of body weight with total mortality and with cardiovascular events in coronary heart disease: A systematic review of cohort studies. *Lancet*, 368, 666-678.

14 Kopelman, P. (1999). Aetiology of obesity II: Genetics, in *Obesity: The Report of the British Nutrition Foundation Task Force*, pp. 39-44. Oxford: Blackwell Science.

15 Misra, A., and Ganda, O.P. (2007). Migration and its impact on adiposity and type 2 diabetes. *Nutrition*, September, 23(9), 696-708.

16 Christakis, N.A., and Fowler, J.H. (2007). The spread of obesity in a large social network over 32 years. *New England Journal of Medicine*, July 26, 357(4), 370-379.

17 Hill, J.O., and Peters, J.C. (1998). Environmental contributions to the obesity epidemic. *Science*, 280(5368), 1371-1374.

18 Birch, L.L. (1999). Development of food preferences. *Annual Review of Nutrition*, 19, 41-62.

19 Ogden, J. (2014). *The good parenting food guide: Managing what children eat without making food a problem*. London: Wiley.

20 Koenders, P.G., and van Strien, T. (2011). Emotional eating, rather than lifestyle behavior, drives weight gain in a prospective study in 1562 employees. *Journal of Occupational and Environmental Medicine*, 53, 1287-1293.

21 Konttinen, H., Silventoinen, K., Sarlio-Lähteenkorva, S., Männistö, S.,

and Haukkala, A. (2010). Emotional eating and physical activity self-efficacy as pathways in the association between depressive symptoms and adiposity indicators. *American Journal of Clinical Nutrition*, 92, 1031-1039.

22 Polivy, J., and Herman, C.P. (1985). Dieting and binging: A causal analysis. *American Psychology*, February, 40(2), 193-201.

23 Hall, P.A., and Fong, G.T. (2007). Temporal self-regulation theory: A model for individual health behaviour. *Health Psychology Review*, 1(1), 6-52.

24 Ogden, J., Liakopoloulou, E., Antilliou, G., and Gough, G. (2012). The meaning of food (MOF): The development of a new measurement tool. *European Eating Disorders Review*, 20, 423-426.

25 Wansink, B. (2009). *Mindless eating: Why we eat more than we think*. 2nd edition. London: Hay House.

26 Ogden, J., Coop, N., Cousins, C., Crump, R., Field, L., Hughes, S., and Woodger, N. (2013). Distraction, the desire to eat and food intake: Towards an expanded model of mindless eating. *Appetite*, 62, 119-126.

27 Bellissimo, N., Pencharz, P.B., Thomas, S.G., and Anderson, G.H. (2007). Effect of television viewing at mealtime on food intake after a glucose preload in boys. *Pediatric Research*, 61(6), 745-749.

28 Higgs, S., and Woodward, M. (2009). Television watching during lunch increases afternoon snack intake of young women. *Appetite*, 52(1), 39-43.

29 Bolton-Smith, C., and Woodward, M. (1994). Dietary composition and fat to sugar ratios in relation to obesity. *International Journal of Obesity*, 18, 820-828.

30 Blundell, J.E., and Macdiarmid, J. (1997). Fat as a risk factor for over

consumption: Satiation, satiety and patterns of eating. *Journal of the American Dietetic Association*, 97, 563-569.

31 Alsharairi, N.A., and Somerset, S.M. (2016). Skipping breakfast in early childhood and its associations with maternal and child BMI: A study of 2-5-year-old Australian children. *European Journal of Clinical Nutrition*, 70(4), 450-455.

32 Ogden, J., Oikonoumou, E., and Alemany, G. (2015). Distraction, restrained eating and disinhibition: An experimental study of food intake and the impact of 'eating on the go.' *International Journal of Health Psychology*, 22, 39-50. DOI:10.1177/1359105315595119

33 Laessle, R.G., Lehrke, S., and Dückers, S. (2007). Laboratory eating behavior in obesity. *Appetite*, 49, 399-404.

34 Shenassa, E.D., Frye, M., Braubach, M., and Daskalakis, C. (2008). Routine stair climbing in place of residence and Body Mass Index: A Pan-European population based study. *International Journal of Obesity*, 32(3), 490-494.

35 Dishman, R.K., Sallis, J.F., and Orenstein, D.M. (1985). The determinants of physical activity and exercise. *Public Health Reports*, 100, 158-172.

36 Cooney, G.M., Dwan, K., Greig, C.A., Lawlor, D.A., Rimer, J., Waugh, F.R., McMurdo, M., and Mead, G.E. (2013). Exercise for depression. *Cochrane Database of Systematic Reviews*, 9. DOI:10.1002/14651858.CD004366.pub6

37 Santos, I., Sniehotta, F.F., Marques, M.M., Carraca, E.V., and Teixeira, P.J. (2017). Prevalence of personal weight control attempts in adults: A systematic review and meta-analysis. *Obesity Reviews*, 18(1), 32-50.

38 Hirsch, J. (1998). Magic bullet for obesity. *British Medical Journal*,

317, 1136-1138.
39 Ogden, J., and Sidhu, S. (2006). Adherence, behaviour change and visualisation: A qualitative study of patient's experiences of obesity medication. *The Journal of Psychosomatic Research*, 61, 545-552.
40 Hollywood, A., and Ogden, J. (2010). Taking Orlistat: Predicting weight loss over 6 months. *Journal of Obesity*, 1-7; 806896 Open Access.
41 Picot, J., Jones, J., Colquitt, J.L., Gospodarevskaya, E., Loveman, E., and Baxter, L. (2009). The clinical effectiveness and cost-effectiveness of bariatric (weight loss) surgery for obesity: A systematic review and economic evaluation. *Health Technology Assessment*, 13, 41.
42 Sjostrom, L., Nabro, K., and Sjostrom, C.D. (2007). Effects of bariatric surgery on mortality in Swedish obese subjects. *The New England Journal of Medicine*, 357(8), 741-752.
43 Magro, D.O., Geloneze, B., Delfini, R., Paraja, B.C., Callejas, F., and Paraja, J.C. (2008). Long-term weight regain after gastric bypass: A 5-year prospective study. *Obesity Surgery*, 18(6), 648-651.
44 Ogden, J., Clementi, C., and Aylwin, S. (2006). Having obesity surgery: A qualitative study and the paradox of control. *Psychology and Health*, 21, 273-293.
45 Grogan, S. (2016). *Body image: Understanding body dissatisfaction in men, women and children*. 3rd edition. London: Routledge.
46 Tiggemann, M. (2006). The role of media exposure in adolescent girl's body dissatisfaction and drive for thinness: Prospective results. *Journal of Social and Clinical Psychology*, 25(5), 523-541.
47 Ogden, J., and Mundray, K. (1996). The effect of the media on body satisfaction: The role of gender and size. *European Eating Disorders*

*Review*, 4, 171–182.

48 Ogden, J., and Steward, J. (2000). The role of the mother daughter relationship in explaining weight concern. *International Journal of Eating Disorders*, 28, 78–83.

49 Treasure, J., van Furth, E., and Schmidt, U. (Eds.). (2003). *Handbook of eating disorders*. 2nd edition. London: Wiley.

50 Polivy, J., and Heatherton, T. (2015). *Spiral model of dieting and disordered eating: Encyclopaedia of feeding and eating disorders*. New York: Springer.

51 Hartmann–Boyce, J., Johns, D.J., Jebb, S.A., Summerbell, C., and Aveyard, P. (2014). Behavioural weight management review group: Behavioural weight management programmes for adults assessed by trials conducted in everyday contexts: Systematic review and meta–analysis. *Obesity Reviews*, November, 15(11), 920–932.

52 Dombrowski, S.U., Knittle, K., Avenell, A., Araújo–Soares, V., and Sniehotta, F.F. (2014). Long term maintenance of weight loss with non–surgical interventions in obese adults: Systematic review and meta–analyses of randomised controlled trials. *BMJ*, May 14, 348.

53 Ahern, A.L., Olson, A.D., Aston, L.M., and Jebb, S.A. (2011). Weight Watchers on prescription: An observational study of weight change among adults referred to Weight Watchers by the NHS. *BMC Public Health*, June 6, 11, 434.

54 Colquitt, J.L., Pickett, K., Loveman, E., and Frampton, G.K. (2014). Surgery for weight loss in adults. *Cochrane Database of Systematic Reviews*, August 8. DOI: 10.1002/14651858.CD003641.pub4

55 Aucott, L.S. (2008). Influences of weight loss on long–term diabetes outcomes. *Proceedings of Nutrition Society*, February, 67(1), 54–59.

56 Blackburn, G. (1995). Effect of degree of weight loss on health

benefits. *Obesity Reviews*, September, 3(Supplement 2), 211s-216s.
57 Lissner, L., Odell, P.M., D'Agostino, R.B., Stokes, J., Kreger, B.E., Belanger, A.J., and Brownell, K.D. (1991). Variability of body weight and health outcomes in the Framingham population. *New England Journal of Medicine*, 324, 1839-1844.
58 Wegner, D.M. (1994). Ironic processes of mental control. *Psychological Review*, 101, 34-52.
59 Polivy, J., and Herman, C.P. (1999). Distress and eating: Why do dieters overeat? *International Journal of Eating Disorders*, 26, 153-164.
60 Orbell, S., and Verplanken, B. (2015). The strength of habit. *Health Psychology Review*, 9(3), 311-317.
61 Lally, P., and Gardner, B. (2013). Promoting habit formation. *Health Psychology Review*, (Supplement 1), S137-S158.
62 Ogden, J., and Hills, L. (2008). Understanding sustained changes in behaviour: The role of life events and the process of reinvention. *Health: An International Journal*, 12, 419-437.
63 Epiphaniou, E., and Ogden, J. (2010). Successful weight loss maintenance: From a restricted to liberated self. *International Journal of Health Psychology*, 15, 887-896.
64 Ogden, J., Clementi, C., and Aylwin, S. (2006). Having obesity surgery: A qualitative study and the paradox of control. *Psychology and Health*, 21, 273-293.
65 Wood, K., and Ogden, J. (in press). Obesity Patients' long-term experiences following obesity surgery with a focus on eating behaviour: A qualitative study. *Journal of Health Psychology*.
66 Greaves, C., Poltawski, L., Garside, R., and Briscoe, S. (2017). Understanding the challenge of weight loss maintenance:

A systematic review and synthesis of qualitative research on weight loss maintenance. *Health Psychology Review*, April 7, 1-19.

67 Thomas, J.G., Bond, D.S., Phelan, S., Hill, J.O., and Wing, R.R. (2014). Weight-loss maintenance for 10 years in the National Weight Control Registry. *American Journal of Preventive Medicine*, January, 46(1), 17-23.

68 Bachman, J.L., Phelan, S., Wing, R.R., and Raynor, H.A. (2011). Eating frequency is higher in weight loss maintainers and normal-weight individuals than in overweight individuals. *Journal of American Dietetics Association*, November, 111(11), 1730-1734.

69 Bond, D.S., Phelan, S., Leahey, T.M., Hill, J.O., and Wing, R.R. (2009). Weightloss maintenance in successful weight losers: Surgical vs non-surgical methods. *International Journal of Obesity (London)*, January, 33(1), 173-180.

70 Wing, R.R., Papandonatos, G., Fava, J.L., Gorin, A.A., Phelan, S., McCaffery, J., and Tate, D.F. (2008). Maintaining large weight losses: The role of behavioral and psychological factors. *Journal of Consulting and Clinical Psychology*, December, 76(6), 1015-1021.

71 Butryn, M.L., Phelan, S., Hill, J.O., and Wing, R.R. (2007). Consistent selfmonitoring of weight: A key component of successful weight loss maintenance. *Obesity (Silver Spring)*, December, 15(12), 3091-3096.

72 Phelan, S., and Wing, R.R. (2005). Prevalence of successful weight loss. *Archives of Internal Medicine*, November 14, 165(20), 2430.

73 Wing, R.R., and Phelan, S. (2005). Long-term weight loss maintenance. *American Journal of Clinical Nutrition*, July, 82(Supplement 1), 222S-225S. Review. PubMed PMID: 16002825.

74 Ogden, J. (2000). The correlates of long terms weight loss: A group

comparison study of obesity. *International Journal of Obesity*, 24, 1018-1025.

75 Elfhag, K., and Rössner, S. (2005). Who succeeds in maintaining weight loss? A conceptual review of factors associated with weight loss maintenance and weight regain. *Obesity Reviews*, February, 6(1), 67-85.

76 Epiphaniou, E., and Ogden, J. (2010). Evaluating the role of triggers and sustaining conditions in weight loss maintenance. *Journal of Obesity*, 1-7; 8594143 Open Access.

77 Stubbs, J., Whybrow, S., Teixeira, P., Blundell, J., Lawton, C., Westenhoefer, J., ...Raats, M. (2011). Problems in identifying predictors and correlates of weight loss and maintenance: Implications for weight control therapies based on behaviour change. *Obesity Reviews*, September, 12(9), 688-708.

78 Teixeira, P.J., Carraca, E.V., Marques, M.M., Rutter, H., Oppert, J.M., De Bourdeaudhuij, I., ... Brug, J. (2015). Successful behavior change in obesity interventions in adults: A systematic review of self-regulation mediators. *BMC Medicine*, April 16, 13, 84.

79 Hartmann-Boyce, J., Johns, D.J., Jebb, S.A., and Aveyard, P. (2014). Behavioural weight management review group: Effect of behavioural techniques and delivery mode on effectiveness of weight management: Systematic review, meta-analysis and meta-regression. *Obesity Reviews*, July, 15(7), 598-609.

80 NHS Choices. *Cognitive behavioural therapy*. www.nhs.uk/Conditions/Cognitivebehavioural-therapy/Pages/Introduction.aspx retrieved 17/4/2017

81 Marlatt, G.A., and Gordon, J.R. (Ed.). (1985). *Relapse prevention: Maintenance strategies in the treatment of addictive behaviors*. New

York: Guilford Press.
82 Leventhal, H., Benyamini, Y., Brownlee, S., Diefenbach, M., Leventhal, EA., Patrick-Miller, L., and Robitaille, C. (1997). Illness representations: Theoretical foundations, in K.J. Petrie and J.A. Weinman (eds.), *Perceptions of Health and Illness*, pp. 1-18. Amsterdam: Harwood.
83 Carver, C.S., and Scheier, M.F. (1999). Stress, coping, and self-regulatory processes, in L.A. Pervin and J.P. Oliver (eds.), *Handbook of Personality Theory and Research*, pp. 553-575. New York: Guildford Press.
84 Hagger, M. S., Luszczynska, A., de Wit, J., Benyamini, Y., Burkert, S., Chamberland, P.-E., ...Gollwitzer, P. M. (2016). Implementation intention and planning interventions in health psychology: Recommendations from the Synergy expert group for research and practice. *Psychology & Health*, 31(7), 814-839.
85 DiClemente, C.C., and Prochaska, J.O. (1985). Processes and stages of change: Coping and competence in smoking behavior change, in F. Shiffman and T.A. Wills (eds.), *Coping and Substance Abuse*, pp. 319-343. New York: Academic Press.
86 Miller, W., and Rollnick, S. (2002). *Motivational interviewing: Preparing people to change addictive behaviour*. New York: Guilford Press.
87 Festinger, L. (1957). *A theory of cognitive dissonance*. Evanston, IL: Row, Peterson.
88 Ruiter, R.A.C., Abraham, C., and Kok, G. (2001). Scary warnings and rational precautions: A review of the psychology of fear appeals. *Psychology and Health*, 16(6), 613-630.
89 Cameron, L. D. (2009). Can our health behaviour models handle

imagerybased processes and communications? Keynote Article 1. *The European Health Psychologist*, 11, 56-58.

90 Harris, P.R., and Upton, T. (2009). The impact of self-affirmation on health cognition, health behaviour and other health-related responses: A narrative review. *Social and Personality Psychology Compass*, 3(6), 962-978.

91 Husted, M., and Ogden, J. (2014). Impact of an investment based intervention on weight-loss and hedonic thoughts about food post-obesity surgery. *Journal of Obesity*. 1-8. DOI:10.1155/2014/810374

92 Rogers, P.J. (2016). Breakfast: How important is it really? *Public Health Nutrition*, June, 19(9), 1718-1719.

93 Ogden, J., Wood, C., Payne, E., Fouracre, H., and Lammyman, F. (in press). 'Snack' versus 'meal': the impact of label and place on food intake. *Appetite*.

94 Gilbert, P. (2014). The origins and nature of compassion focused therapy. *British Journal of Clinical Psychology*, March, 53(1), 6-41.

95 Krupnick, J.L., Sotsky, S.M., Simmens, S., Moyer, J., Elkin, I., Watkins, J., and Pilkonis, P.A. (1996). The role of the therapeutic alliance in psychotherapy and pharmacotherapy outcome: Findings in the national institute of mental health treatment of depression collaborative research program. *Journal of Consulting and Clinical Psychology*, 64(3), 532-539.

96 Johns, D.J., Hartmann-Boyce, J., Jebb, S.A., and Aveyard, P. (2014). Behavioural weight management review group: Diet or exercise interventions vs combined behavioural weight management programs: A systematic review and meta-analysis of direct comparisons. *Journal of Academy of Nutrition and Dietetics*, October, 114(10), 1557-1568.